Addition

Subtraction

D1557861

SPOOKY ADDITION

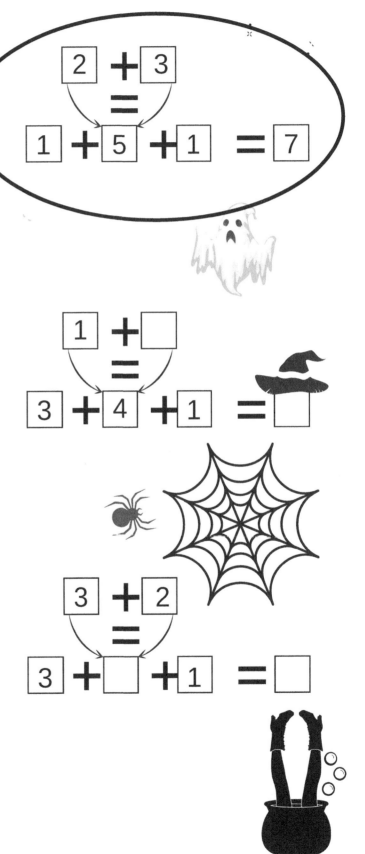

$2 + 3$
$=$
$1 + 5 + 1 = 7$

$0 + \square$
$=$
$1 + \square + 3 = 9$

$1 + \square$
$=$
$3 + 4 + 1 = \square$

$2 + \square$
$=$
$2 + 5 + \square = 9$

$3 + 2$
$=$
$3 + \square + 1 = \square$

$4 + \square$
$=$
$2 + \square + 1 = 10$

□ + 2 = 1 + □ + 2 = 5

□ + 1 = 2 + □ + 4 = 8

□ + 3 = 1 + □ + 7 = 15

2 + □ = 2 + 5 + □ = 10

□ + 1 = 2 + 3 + □ = 9

1 + 2 = 3 + □ + 3 = 9

$$8 + 3$$
$$=$$
$$7 + \boxed{} + \boxed{} = 24$$

$$2 + 6$$
$$=$$
$$8 + \boxed{} + 3 = \boxed{}$$

$$2 + 3$$
$$=$$
$$4 + \boxed{} + \boxed{} = 10$$

$$2 + 3$$
$$=$$
$$2 + \boxed{} + \boxed{} = 12$$

$$2 + \boxed{}$$
$$=$$
$$1 + 6 + \boxed{} = 17$$

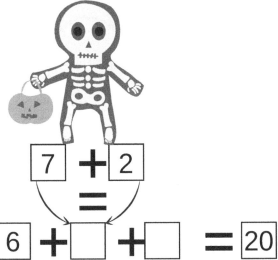

$$7 + 2$$
$$=$$
$$6 + \boxed{} + \boxed{} = 20$$

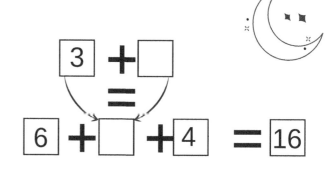

$3 + \boxed{}$
$=$
$6 + \boxed{} + 4 = \boxed{16}$

$1 + \boxed{}$
$=$
$3 + 3 + \boxed{} = \boxed{6}$

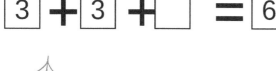

$2 + \boxed{}$
$=$
$1 + 7 + \boxed{} = \boxed{9}$

$2 + 8$
$=$
$2 + \boxed{} + 2 = \boxed{}$

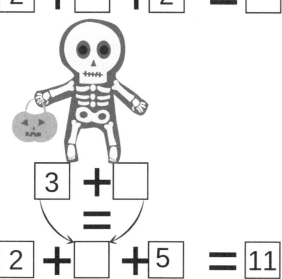

$3 + \boxed{}$
$=$
$2 + \boxed{} + 5 = \boxed{11}$

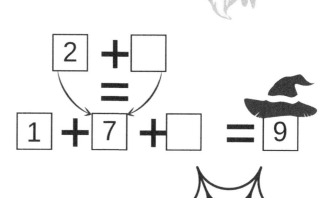

$4 + \boxed{}$
$=$
$\boxed{} + 8 + 1 = \boxed{10}$

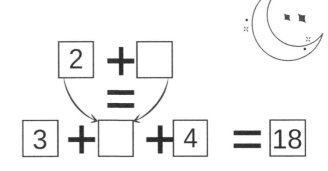

2 + ☐
=
3 + ☐ + 4 = 18

5 + 5
=
2 + ☐ + 8 = ☐

3 + 8
=
2 + ☐ + 6 = ☐

4 + ☐
=
2 + 8 + 1 = ☐

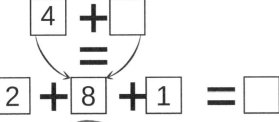

☐ + 4
=
☐ + 9 + 2 = 15

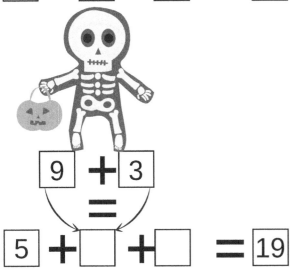

9 + 3
=
5 + ☐ + ☐ = 19

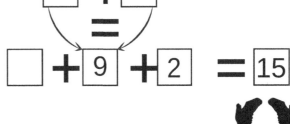

$3 + 2 =$
$\square + \square + 2 = 9$

$2 + 1 =$
$3 + \square + \square = 8$

$1 + \square =$
$3 + 4 + 1 = \square$

$2 + \square =$
$2 + 5 + \square = 9$

$3 + 2 =$
$3 + \square + 1 = \square$

$1 + \square =$
$2 + 4 + \square = 8$

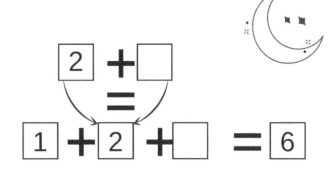

$$2 + \boxed{}$$
$$=$$
$$1 + \boxed{2} + \boxed{} = \boxed{6}$$

$$\boxed{4} + \boxed{1}$$
$$=$$
$$\boxed{1} + \boxed{} + \boxed{} = \boxed{7}$$

$$\boxed{} + \boxed{2}$$
$$=$$
$$\boxed{1} + \boxed{8} + \boxed{} = \boxed{10}$$

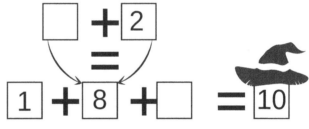

$$\boxed{2} + \boxed{}$$
$$=$$
$$\boxed{2} + \boxed{5} + \boxed{} = \boxed{10}$$

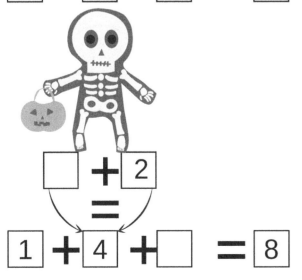

$$\boxed{} + \boxed{2}$$
$$=$$
$$\boxed{1} + \boxed{4} + \boxed{} = \boxed{8}$$

$$\boxed{1} + \boxed{2}$$
$$=$$
$$\boxed{3} + \boxed{} + \boxed{3} = \boxed{9}$$

$$4 + \boxed{}$$
$$=$$
$$5 + \boxed{} + 3 = \boxed{13}$$

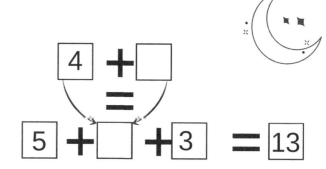

$$1 + 2$$
$$=$$
$$4 + \boxed{} + 5 = \boxed{}$$

$$2 + 2$$
$$=$$
$$1 + \boxed{} + \boxed{} = 9$$

$$2 + 3$$
$$=$$
$$2 + \boxed{} + \boxed{} = \boxed{14}$$

$$\boxed{} + 3$$
$$=$$
$$\boxed{} + 7 + 1 = \boxed{11}$$

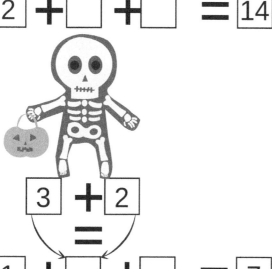

$$3 + 2$$
$$=$$
$$1 + \boxed{} + \boxed{} = \boxed{7}$$

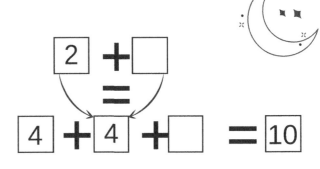

2 + □
=
4 + 4 + □ = 10

1 + □
=
3 + 3 + □ = 6

2 + □
=
1 + 7 + □ = 9

2 + 8
=
2 + □ + 2 = □

4 + □
=
□ + 8 + 1 = 10

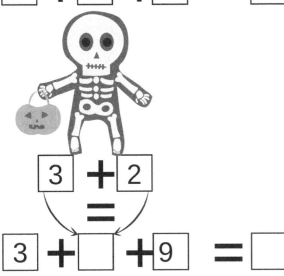

3 + 2
=
3 + □ + 9 = □

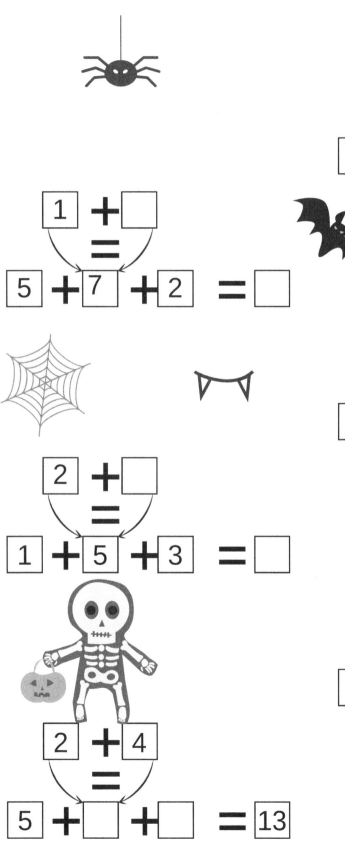

□ + 1
=
5 + □ + 2 = 14

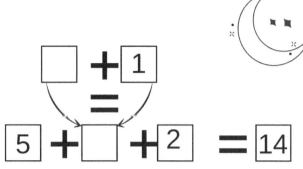

1 + □
=
5 + 7 + 2 = □

6 + 3
=
8 + □ + 7 = □

2 + □
=
1 + 5 + 3 = □

6 + □
=
□ + 8 + 1 = 13

2 + 4
=
5 + □ + □ = 13

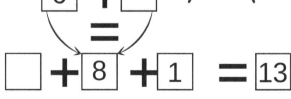

2 + 1
=
1 + □ + □ = 5

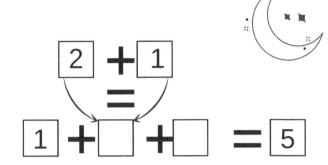

1 + □
=
2 + 3 + □ = 8

1 + □
=
5 + 8 + 3 = □

2 + □
=
6 + 6 + □ = 19

3 + 2
=
3 + □ + 1 = □

□ + 1
=
2 + 4 + □ = 7

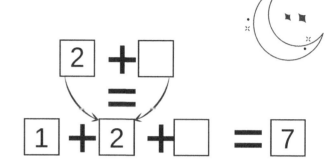

2 + ☐
=
1 + 2 + ☐ = 7

4 + 1
=
1 + ☐ + ☐ = 8

2 + ☐
=
1 + 7 + ☐ = 18

2 + ☐
=
2 + 5 + ☐ = 11

☐ + 2
=
3 + ☐ + 3 = 10

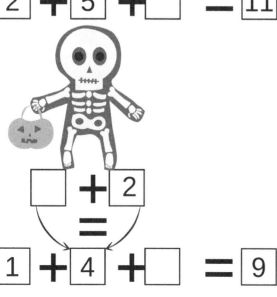

☐ + 2
=
1 + 4 + ☐ = 9

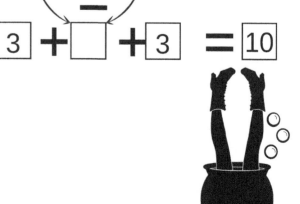

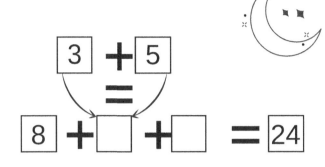

3 + 5
=
8 + ☐ + ☐ = 24

☐ + 1
=
2 + 3 + 8 = ☐

2 + 2
=
1 + ☐ + ☐ = 9

2 + 3
=
2 + ☐ + ☐ = 12

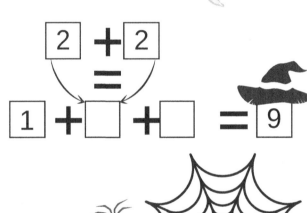

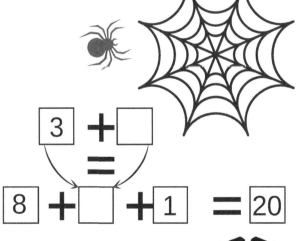

3 + ☐
=
8 + ☐ + 1 = 20

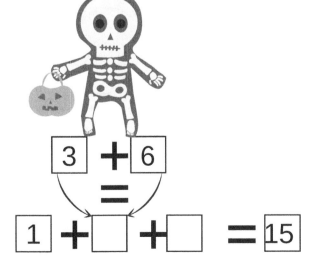

3 + 6
=
1 + ☐ + ☐ = 15

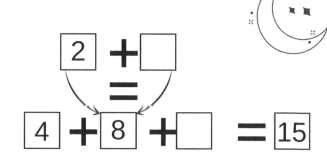

2 + ☐
=
4 + 8 + ☐ = 15

1 + ☐
=
3 + 2 + ☐ = 9

3 + ☐
=
2 + 7 + ☐ = 19

2 + 7
=
2 + ☐ + 2 = ☐

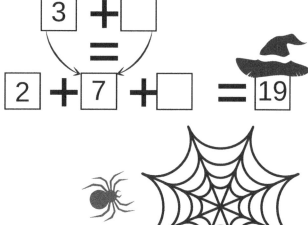

4 + ☐
=
☐ + 8 + 1 = 15

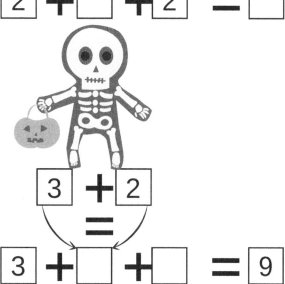

3 + 2
=
3 + ☐ + ☐ = 9

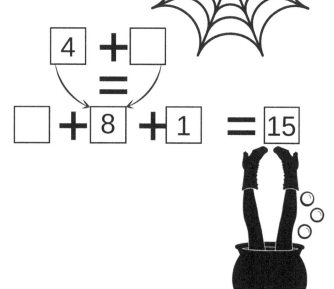

$2 + 6$
$=$
$3 + \square + \square = 18$

$1 + 6$
$=$
$3 + \square + 4 = \square$

$2 + 9$
$=$
$1 + \square + 5 = \square$

$2 + \square$
$=$
$2 + 4 + 2 = \square$

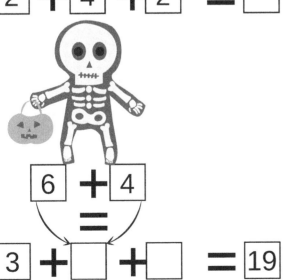

$6 + 4$
$=$
$3 + \square + \square = 19$

$7 + \square$
$=$
$\square + 8 + 1 = 14$

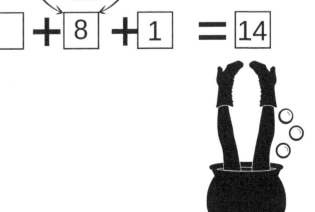

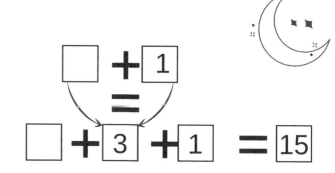

☐ + 1
=
☐ + 3 + 1 = 15

4 + 2
=
9 + ☐ + ☐ = 20

1 + ☐
=
3 + 4 + 1 = ☐

2 + ☐
=
2 + 5 + ☐ = 19

3 + 2
=
4 + ☐ + 5 = ☐

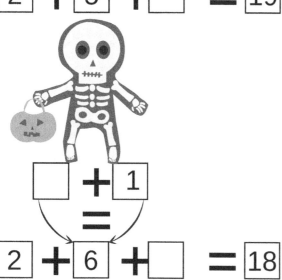

☐ + 1
=
2 + 6 + ☐ = 18

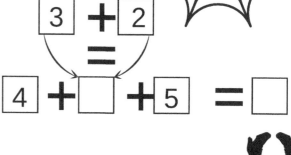

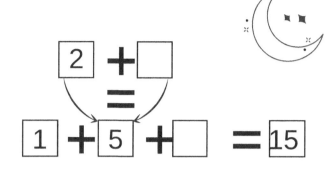

2 + ☐
=
1 + 5 + ☐ = 15

4 + 1
=
1 + ☐ + ☐ = 6

2 + ☐
=
1 + 7 + ☐ = 9

2 + ☐
=
2 + 5 + ☐ = 12

1 + 2
=
3 + ☐ + 4 = 19

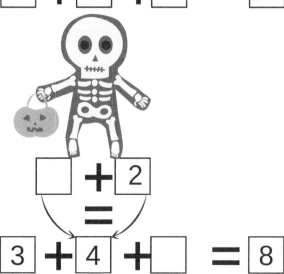

☐ + 2
=
3 + 4 + ☐ = 8

$$4 + 3$$
$$=$$
$$4 + \square + \square = 14$$

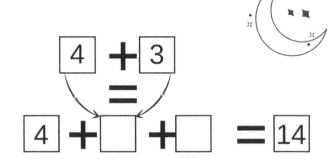

$$1 + 1$$
$$=$$
$$3 + \square + 5 = \square$$

$$2 + 2$$
$$=$$
$$1 + \square + \square = 7$$

$$2 + 3$$
$$=$$
$$2 + \square + \square = 12$$

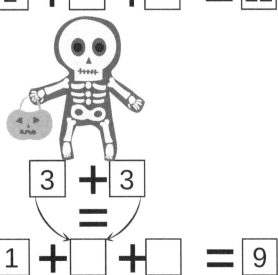

$$3 + \square$$
$$=$$
$$\square + 7 + 1 = 10$$

$$3 + 3$$
$$=$$
$$1 + \square + \square = 9$$

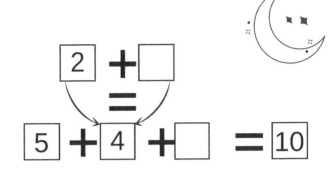

$2 + \square$
$=$
$5 + 4 + \square = 10$

$1 + \square$
$=$
$3 + 3 + \square = 8$

$2 + \square$
$=$
$1 + 7 + \square = 9$

$2 + 8$
$=$
$3 + \square + 6 = \square$

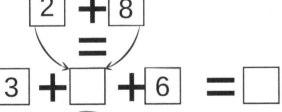

$4 + \square$
$=$
$\square + 8 + 1 = 15$

$3 + 2$
$=$
$2 + \square + \square = 9$

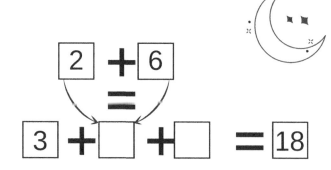

2 + 6
=
3 + ☐ + ☐ = 18

1 + 6
=
3 + ☐ + 4 = ☐

2 + 9
=
1 + ☐ + 7 = ☐

2 + ☐
=
2 + 8 + 1 = ☐

7 + ☐
=
☐ + 9 + 1 = 14

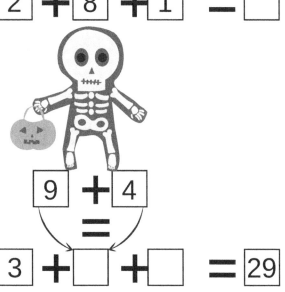

9 + 4
=
3 + ☐ + ☐ = 29

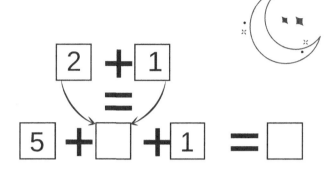

$2 + 1$

$=$

$5 + \boxed{} + 1 = \boxed{}$

$11 + 1$

$=$

$10 + \boxed{} + \boxed{} = 30$

$1 + \boxed{}$

$=$

$12 + 4 + 1 = \boxed{}$

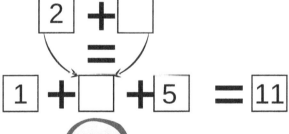

$2 + \boxed{}$

$=$

$1 + \boxed{} + 5 = 11$

$4 + 2$

$=$

$9 + \boxed{} + 7 = \boxed{}$

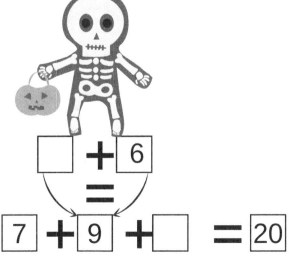

$\boxed{} + 6$

$=$

$7 + 9 + \boxed{} = 20$

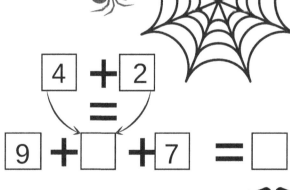

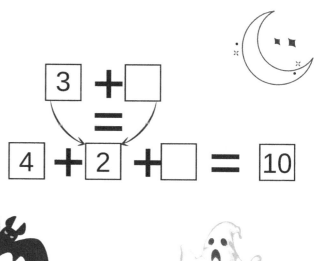

3 + □
=
4 + 2 + □ = 10

4 + 1
=
1 + □ + □ = 6

2 + □
=
1 + 7 + □ = 9

2 + □
=
2 + 5 + □ = 12

1 + 2
=
3 + □ + 3 = 9

□ + 2
=
1 + 4 + □ = 9

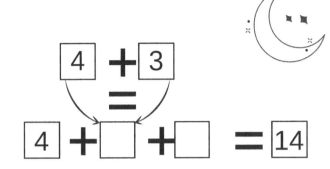

$$\boxed{4} + \boxed{3}$$
$$=$$
$$\boxed{4} + \boxed{} + \boxed{} = \boxed{14}$$

$$\boxed{} + \boxed{5}$$
$$=$$
$$\boxed{3} + \boxed{} + \boxed{7} = \boxed{25}$$

$$\boxed{2} + \boxed{2}$$
$$=$$
$$\boxed{1} + \boxed{} + \boxed{} = \boxed{7}$$

$$\boxed{2} + \boxed{3}$$
$$=$$
$$\boxed{2} + \boxed{} + \boxed{} = \boxed{14}$$

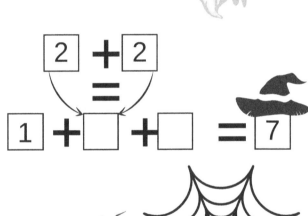

$$\boxed{3} + \boxed{}$$
$$=$$
$$\boxed{} + \boxed{7} + \boxed{1} = \boxed{12}$$

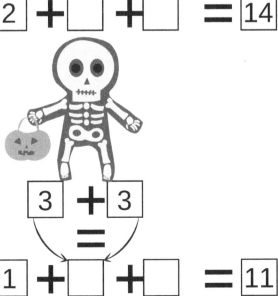

$$\boxed{3} + \boxed{3}$$
$$=$$
$$\boxed{1} + \boxed{} + \boxed{} = \boxed{11}$$

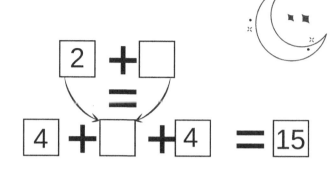

[2] + [ ]
=
[4] + [ ] + [4] = [15]

[6] + [ ]
=
[3] + [ ] + [3] = [17]

[2] + [ ]
=
[5] + [7] + [ ] = [18]

[2] + [8]
=
[2] + [ ] + [1] = [ ]

[4] + [ ]
=
[ ] + [8] + [1] = [10]

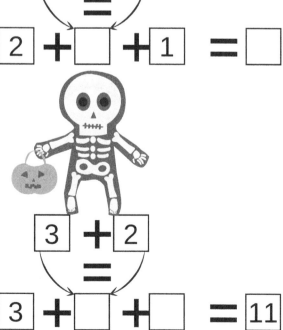

[3] + [2]
=
[3] + [ ] + [ ] = [11]

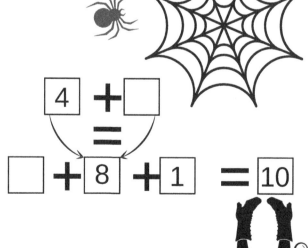

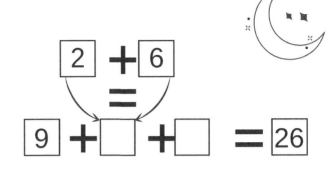

2 + 6
=
9 + □ + □ = 26

4 + 6
=
3 + □ + 5 = □

2 + 9
=
1 + □ + 2 = □

2 + □
=
2 + 8 + 8 = □

□ + □
=
9 + 7 + 1 = 17

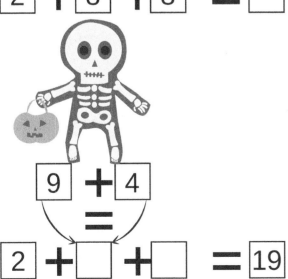

9 + 4
=
2 + □ + □ = 19

2 + 1
=
7 + □ + □ = 18

6 + 4
=
25 + □ + 5 = □

1 + □
=
3 + 4 + 1 = □

2 + □
=
2 + 5 + □ = 9

3 + 2
=
3 + □ + 1 = □

□ + 1
=
2 + 4 + □ = 10

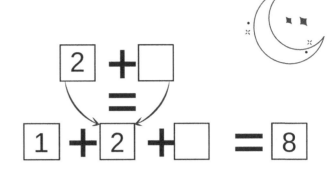
2 + ☐
=
1 + 2 + ☐ = 8

4 + 1
=
1 + ☐ + ☐ = 9

2 + ☐
=
1 + 7 + ☐ = 13

2 + ☐
=
2 + 6 + ☐ = 14

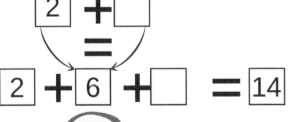

1 + ☐
=
3 + ☐ + 1 = 6

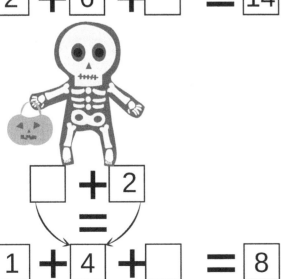

☐ + 2
=
1 + 4 + ☐ = 8

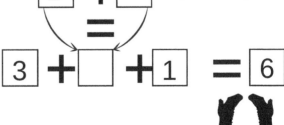

$4 + 3$
$=$
$6 + \square + \square = 18$

$1 + 1$
$=$
$3 + \square + 4 = \square$

$2 + 2$
$=$
$1 + \square + 7 = \square$

$2 + 3$
$=$
$1 + \square + \square = 12$

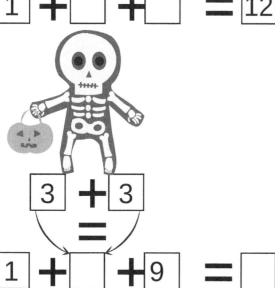

$3 + 3$
$=$
$1 + \square + 9 = \square$

$3 + \square$
$=$
$\square + 7 + 1 = 17$

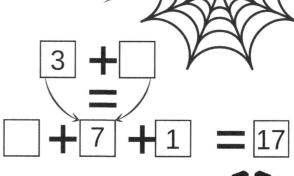

2 + □
=
3 + 4 + □ = 12

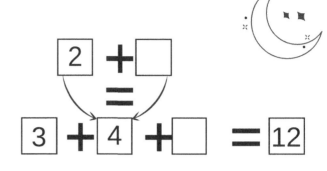

1 + □
=
3 + 3 + □ = 8

2 + 7
=
1 + □ + □ = 15

2 + 8
=
2 + □ + 2 = □

4 + □
=
□ + 8 + 1 = 11

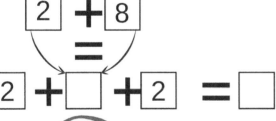

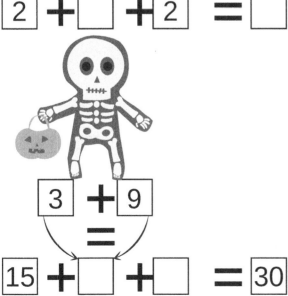

3 + 9
=
15 + □ + □ = 30

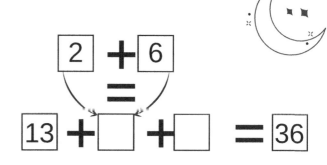

2 + 6
=
13 + ☐ + ☐ = 36

1 + 6
=
3 + ☐ + 13 = ☐

2 + 9
=
1 + ☐ + 17 = ☐

2 + ☐
=
2 + 7 + 2 = ☐

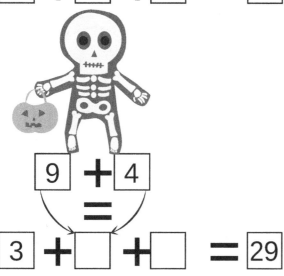

5 + ☐
=
☐ + 9 + 1 = 14

9 + 4
=
3 + ☐ + ☐ = 29

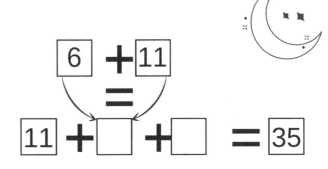

6 + 11
=
11 + ☐ + ☐ = 35

2 + 5
=
8 + ☐ + ☐ = 19

4 + ☐
=
3 + 9 + 1 = ☐

2 + ☐
=
9 + 5 + ☐ = 18

3 + 2
=
6 + ☐ + 7 = ☐

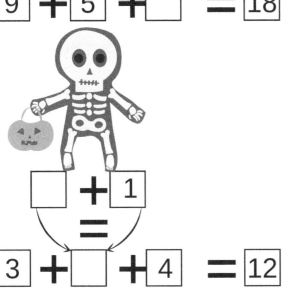

☐ + 1
=
3 + ☐ + 4 = 12

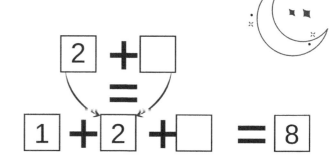

$$2 + \square$$
$$=$$
$$1 + 2 + \square = 8$$

$$4 + 1$$
$$=$$
$$1 + \square + \square = 6$$

$$2 + \square$$
$$=$$
$$1 + \square + 5 = 9$$

$$2 + \square$$
$$=$$
$$2 + 5 + \square = 11$$

$$\square + 2$$
$$=$$
$$3 + 9 + 3 = \square$$

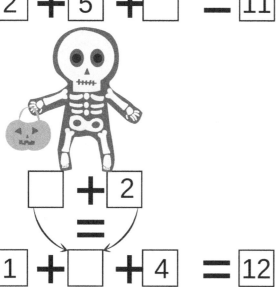

$$\square + 2$$
$$=$$
$$1 + \square + 4 = 12$$

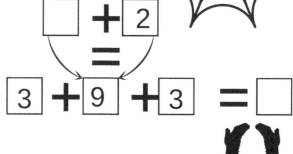

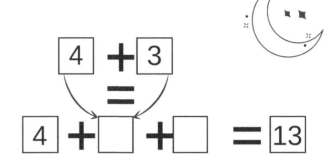

4 + 3
=
4 + ☐ + ☐ = 13

1 + 1
=
3 + ☐ + 5 = ☐

2 + ☐
=
1 + ☐ + 2 = 9

2 + 3
=
2 + ☐ + ☐ = 14

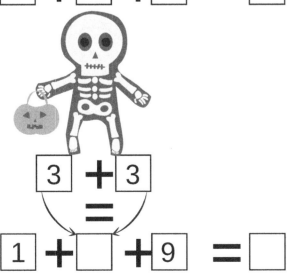

3 + 3
=
1 + ☐ + 9 = ☐

3 + ☐
=
10 + 7 + 1 = ☐

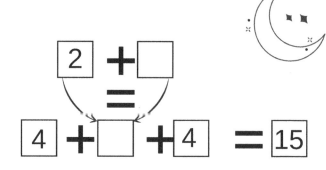

$$2 + \boxed{}$$
$$=$$
$$4 + \boxed{} + 4 = \boxed{15}$$

$$1 + \boxed{}$$
$$=$$
$$3 + \boxed{3} + \boxed{} = \boxed{6}$$

$$2 + \boxed{}$$
$$=$$
$$\boxed{1} + \boxed{7} + \boxed{} = \boxed{20}$$

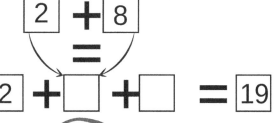

$$\boxed{2} + \boxed{8}$$
$$=$$
$$\boxed{2} + \boxed{} + \boxed{} = \boxed{19}$$

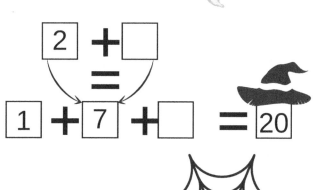

$$4 + \boxed{}$$
$$=$$
$$\boxed{} + \boxed{8} + \boxed{1} = \boxed{10}$$

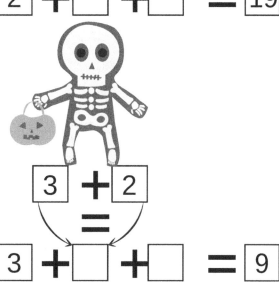

$$\boxed{3} + \boxed{2}$$
$$=$$
$$\boxed{3} + \boxed{} + \boxed{} = \boxed{9}$$

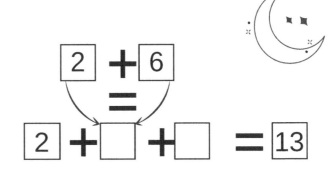

$2 + 6$
$=$
$2 + \boxed{} + \boxed{} = 13$

$1 + 6$
$=$
$3 + \boxed{} + 4 = \boxed{}$

$2 + 9$
$=$
$1 + \boxed{} + 5 = \boxed{}$

$2 + \boxed{}$
$=$
$2 + 8 + 1 = \boxed{}$

$6 + \boxed{}$
$=$
$\boxed{} + 9 + 1 = 14$

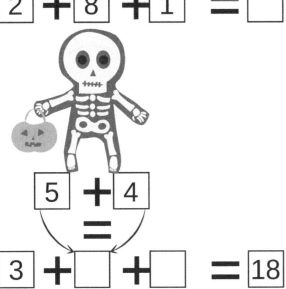

$5 + 4$
$=$
$3 + \boxed{} + \boxed{} = 18$

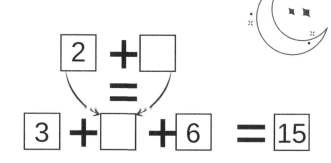

2 + □
=
3 + □ + 6 = 15

4 + □
=
13 + □ + 1 = 20

3 + □
=
2 + 5 + 6 = □

2 + □
=
3 + 4 + □ = 9

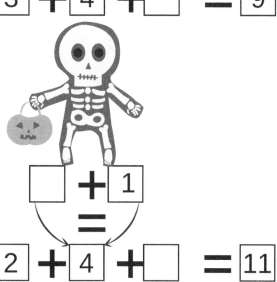

□ + 1
=
2 + 4 + □ = 11

□ + 2
=
3 + □ + 1 = 9

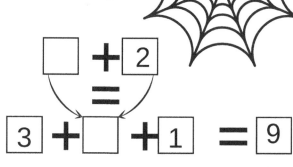

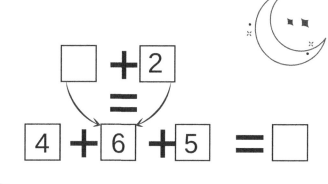

□ + 2
=
4 + 6 + 5 = □

4 + 1
=
7 + □ + □ = 14

2 + □
=
1 + 7 + □ = 12

2 + □
=
2 + 5 + □ = 11

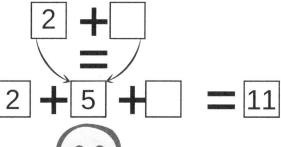

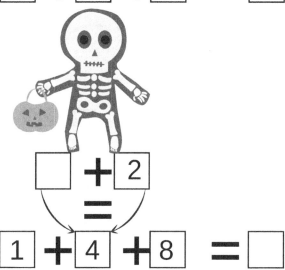

□ + 2
=
1 + 4 + 8 = □

□ + 2
=
3 + □ + 3 = 16

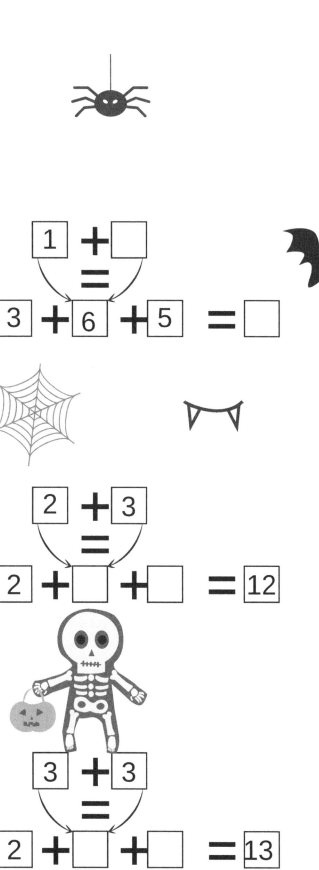

2 + 3 =
4 + □ + □ = 11

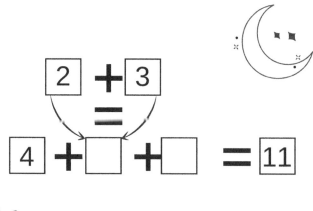

1 + □ =
3 + 6 + 5 = □

2 + □ =
1 + □ + 2 = 7

2 + 3 =
2 + □ + □ = 12

3 + □ =
□ + 7 + 1 = 20

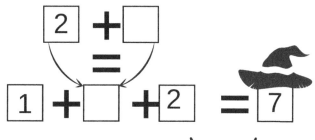

3 + 3 =
2 + □ + □ = 13

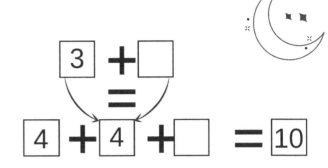

$3 + \square$
$=$
$4 + 4 + \square = 10$

$1 + \square$
$=$
$3 + \square + 2 = 9$

$2 + \square$
$=$
$1 + 7 + \square = 15$

$1 + 7$
$=$
$2 + \square + 2 = \square$

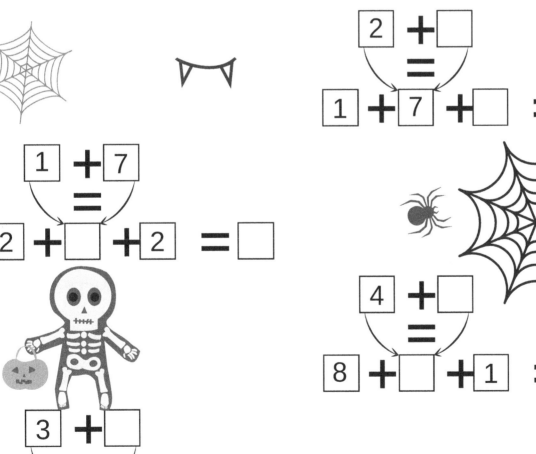

$4 + \square$
$=$
$8 + \square + 1 = 21$

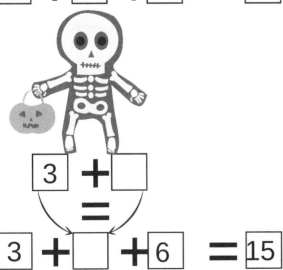

$3 + \square$
$=$
$3 + \square + 6 = 15$

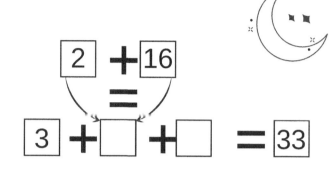

$2 + 16 =$

$3 + \square + \square = 33$

$1 + 6 =$

$8 + \square + 4 = \square$

$2 + 9 =$

$3 + \square + 6 = \square$

$2 + \square =$

$2 + 8 + 2 = \square$

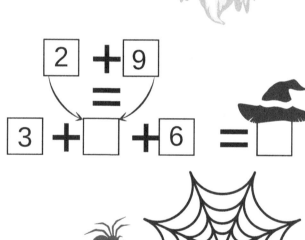

$7 + \square =$

$\square + 9 + 3 = 24$

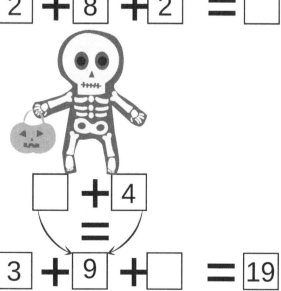

$\square + 4 =$

$3 + 9 + \square = 19$

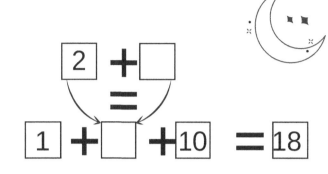

$2 + \boxed{} =$

$1 + \boxed{} + \boxed{10} = \boxed{18}$

$1 + 1 =$

$1 + \boxed{} + \boxed{} = \boxed{10}$

$1 + \boxed{} =$

$3 + \boxed{8} + \boxed{1} = \boxed{}$

$2 + \boxed{} =$

$2 + \boxed{5} + \boxed{} = \boxed{9}$

$\boxed{} + \boxed{2} =$

$9 + \boxed{} + \boxed{5} = \boxed{22}$

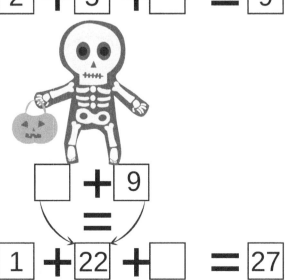

$\boxed{} + \boxed{9} =$

$1 + \boxed{22} + \boxed{} = \boxed{27}$

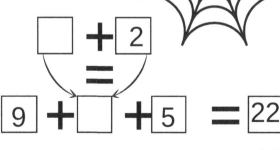

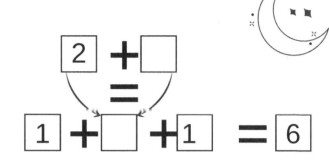

2 + □
=
1 + □ + 1 = 6

4 + 1
=
3 + □ + □ = 13

2 + □
=
1 + 7 + □ = 9

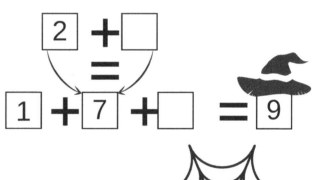

2 + □
=
3 + □ + 5 = 17

11 + 2
=
3 + □ + 3 = □

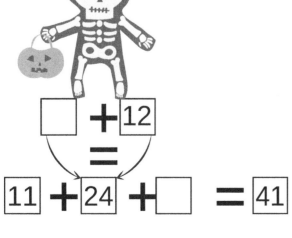

□ + 12
=
11 + 24 + □ = 41

$$2 + 3$$
$$=$$
$$5 + \boxed{} + \boxed{} = 14$$

$$2 + 4$$
$$=$$
$$3 + \boxed{} + 5 = \boxed{}$$

$$2 + 2$$
$$=$$
$$6 + \boxed{} + \boxed{} = 18$$

$$7 + 3$$
$$=$$
$$8 + \boxed{} + \boxed{} = 22$$

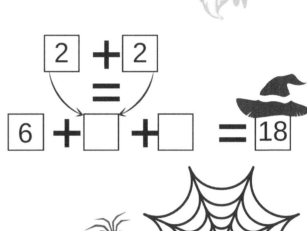

$$3 + \boxed{}$$
$$=$$
$$\boxed{} + 9 + 5 = 23$$

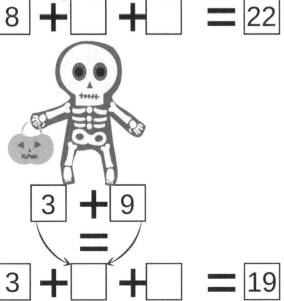

$$3 + 9$$
$$=$$
$$3 + \boxed{} + \boxed{} = 19$$

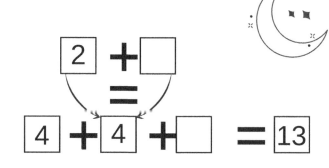

[2] + [ ]
=
[4] + [4] + [ ] = [13]

[1] + [ ]
=
[8] + [3] + [ ] = [15]

[4] + [ ]
=
[1] + [7] + [ ] = [9]

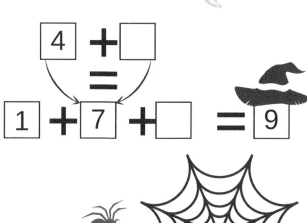

[2] + [8]
=
[2] + [ ] + [2] = [ ]

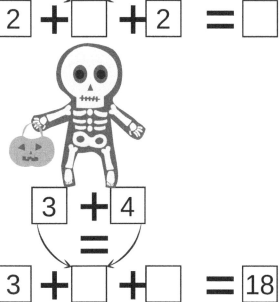

[3] + [4]
=
[3] + [ ] + [ ] = [18]

[4] + [ ]
=
[10] + [8] + [1] = [ ]

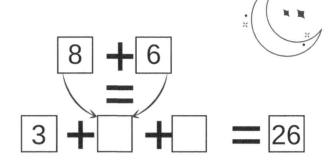

8 + 6
=
3 + ☐ + ☐ = 26

4 + 6
=
3 + ☐ + 3 = ☐

8 + 9
=
1 + ☐ + 7 = ☐

2 + ☐
=
2 + 15 + 2 = ☐

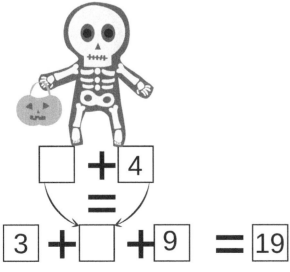

☐ + 4
=
3 + ☐ + 9 = 19

6 + ☐
=
☐ + 9 + 1 = 19

SPOOKY SUBTRACTION

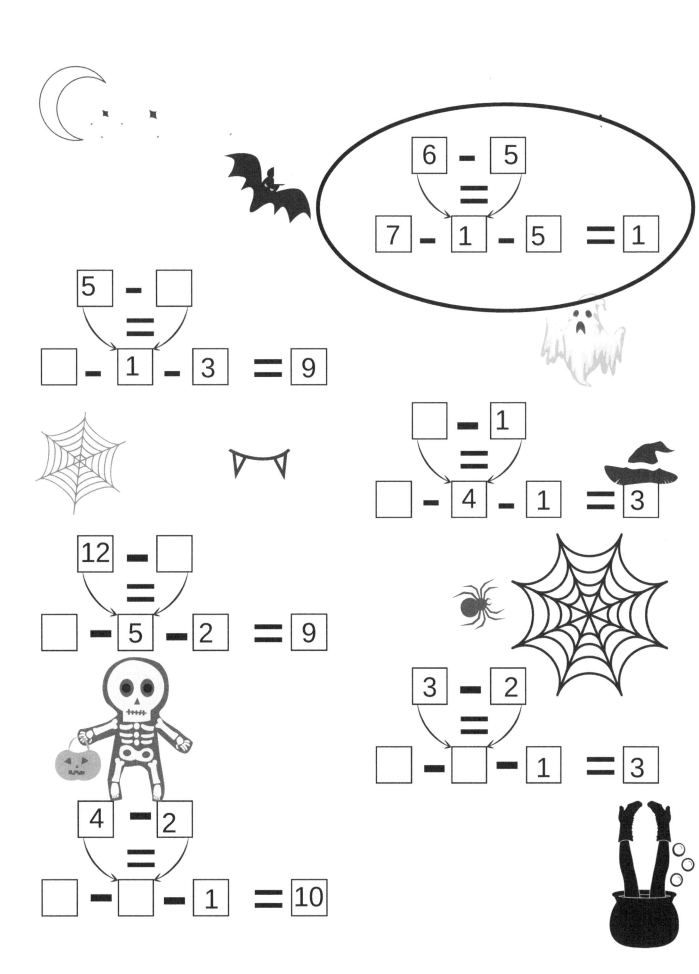

$6 - 5$
$=$
$7 - 1 - 5 = 1$

$5 - \square$
$=$
$\square - 1 - 3 = 9$

$\square - 1$
$=$
$\square - 4 - 1 = 3$

$12 - \square$
$=$
$\square - 5 - 2 = 9$

$3 - 2$
$=$
$\square - \square - 1 = 3$

$4 - 2$
$=$
$\square - \square - 1 = 10$

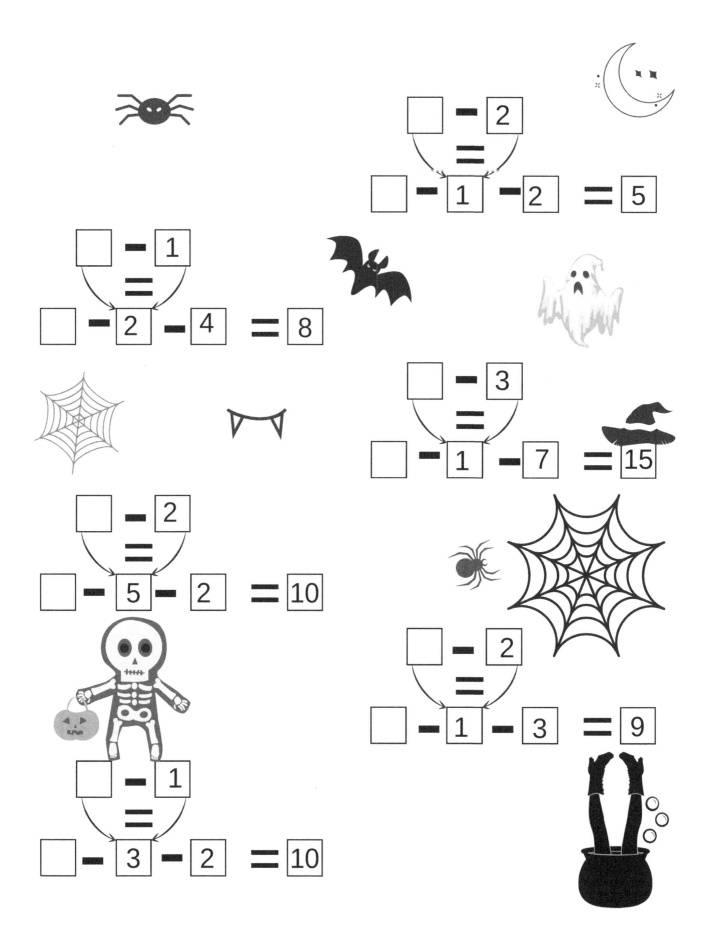

□ − 2
=
□ − 1 − 2 = 5

□ − 1
=
□ − 2 − 4 = 8

□ − 3
=
□ − 1 − 7 = 15

□ − 2
=
□ − 5 − 2 = 10

□ − 2
=
□ − 1 − 3 = 9

□ − 1
=
□ − 3 − 2 = 10

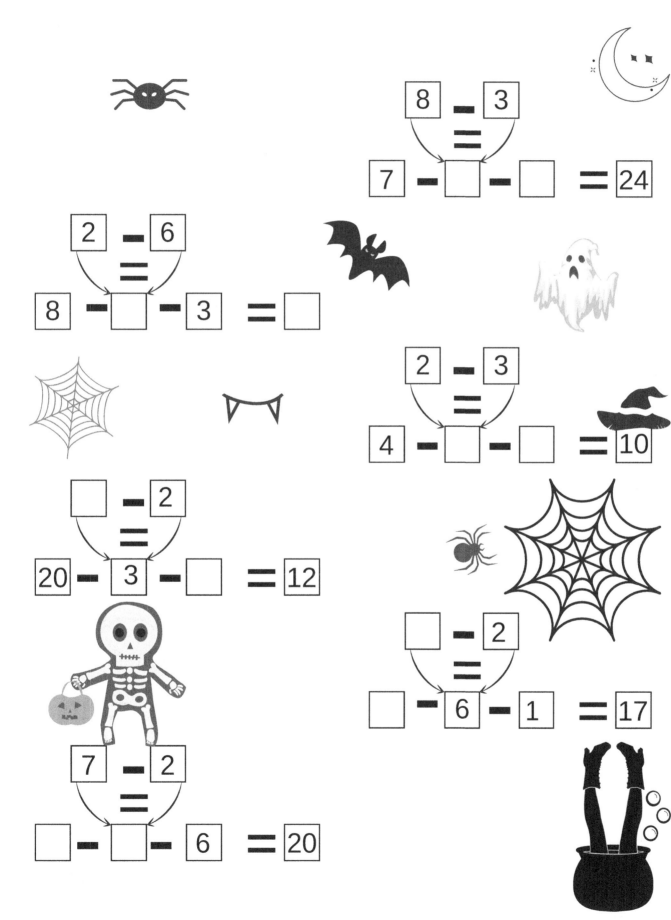

$8 - 3$ → $7 - \square - \square = 24$

$2 - 6$ → $8 - \square - 3 = \square$

$2 - 3$ → $4 - \square - \square = 10$

$\square - 2$ → $20 - 3 - \square = 12$

$\square - 2$ → $\square - 6 - 1 = 17$

$7 - 2$ → $\square - \square - 6 = 20$

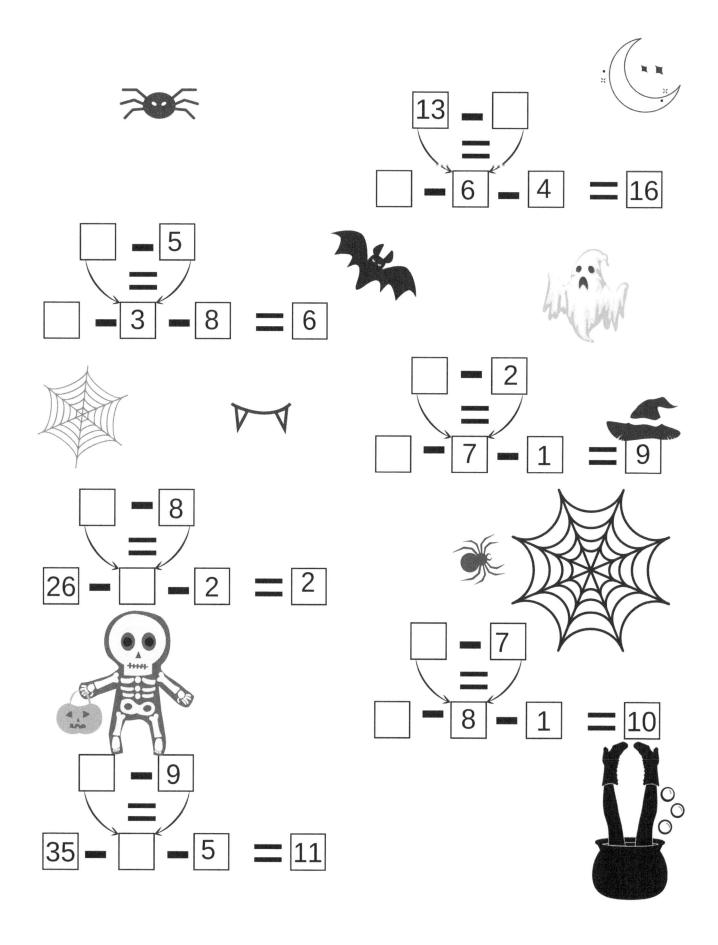

13 − ☐

=

☐ − 6 − 4 = 16

☐ − 5

=

☐ − 3 − 8 = 6

☐ − 2

=

☐ − 7 − 1 = 9

☐ − 8

=

26 − ☐ − 2 = 2

☐ − 9

=

35 − ☐ − 5 = 11

☐ − 7

=

☐ − 8 − 1 = 10

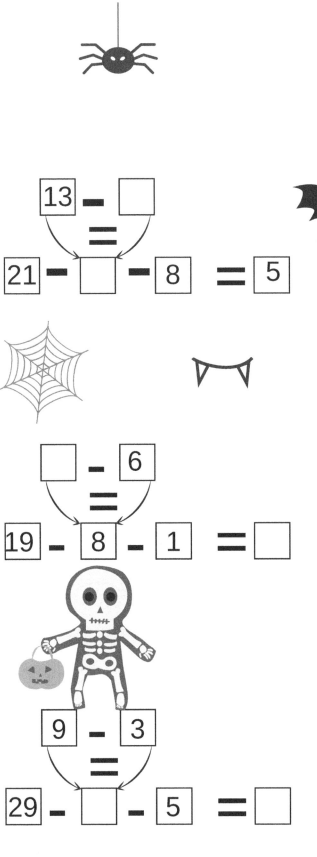

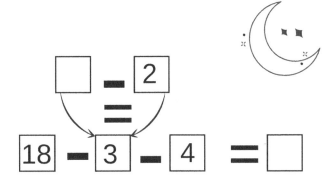

□ − 2

=

18 − 3 − 4 = □

13 − □

=

21 − □ − 8 = 5

□ − 8

=

24 − □ − 6 = 2

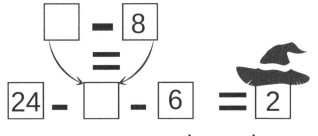

□ − 6

=

19 − 8 − 1 = □

□ − 4

=

□ − 9 − 2 = 15

9 − 3

=

29 − □ − 5 = □

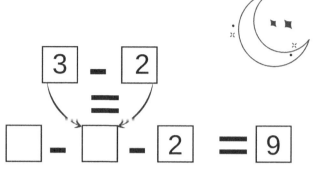

$$3 - 2$$
$$\boxed{} - \boxed{} - 2 = 9$$

$$2 - 1$$
$$\boxed{} - \boxed{} - 3 = 8$$

$$\boxed{} - 1$$
$$31 - 4 - 1 = \boxed{}$$

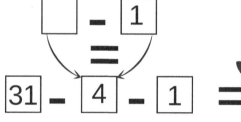

$$\boxed{} - 2$$
$$21 - 5 - \boxed{} = 9$$

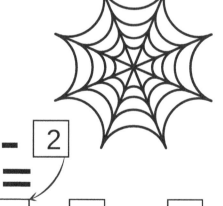

$$3 - 2$$
$$\boxed{} - \boxed{} - 1 = 3$$

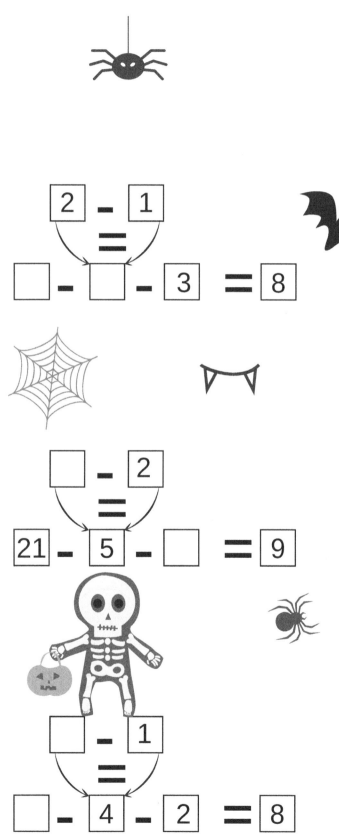

$$\boxed{} - 1$$
$$\boxed{} - 4 - 2 = 8$$

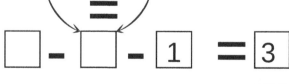

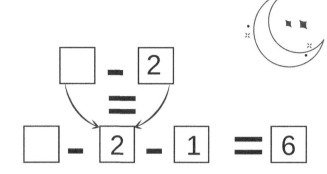

$$\boxed{} - \boxed{2} =$$
$$\boxed{} - \boxed{2} - \boxed{1} = \boxed{6}$$

$$\boxed{4} - \boxed{1} =$$
$$\boxed{} - \boxed{} - \boxed{1} = \boxed{7}$$

$$\boxed{} - \boxed{2} =$$
$$\boxed{} - \boxed{9} - \boxed{1} = \boxed{10}$$

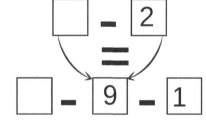

$$\boxed{} - \boxed{2} =$$
$$\boxed{} - \boxed{5} - \boxed{2} = \boxed{10}$$

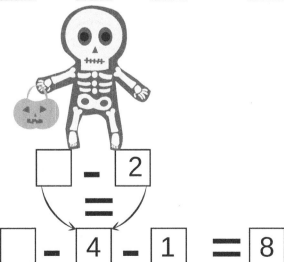

$$\boxed{} - \boxed{2} =$$
$$\boxed{30} - \boxed{} - \boxed{3} = \boxed{9}$$

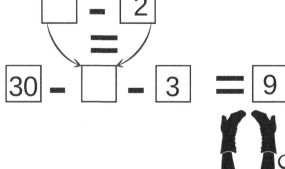

$$\boxed{} - \boxed{2} =$$
$$\boxed{} - \boxed{4} - \boxed{1} = \boxed{8}$$

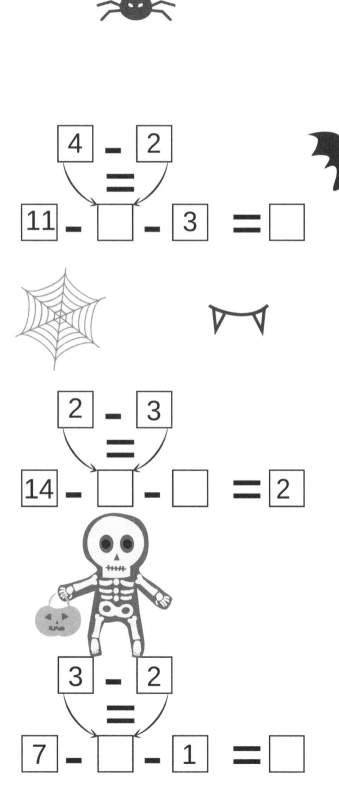

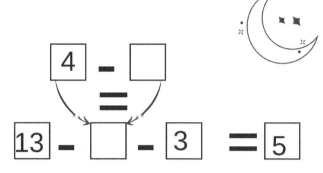

4 - □
=
13 - □ - 3 = 5

4 - 2
=
11 - □ - 3 = □

2 - 1
=
9 - □ - 1 = □

2 - 3
=
14 - □ - □ = 2

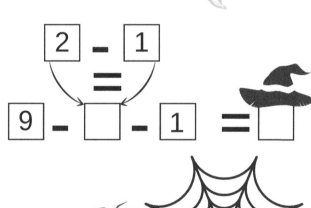

□ - 3
=
11 - 7 - 1 = □

3 - 2
=
7 - □ - 1 = □

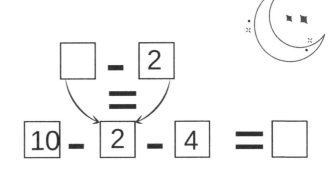

$$\boxed{} - \boxed{2}$$
$$=$$
$$\boxed{10} - \boxed{2} - \boxed{4} = \boxed{}$$

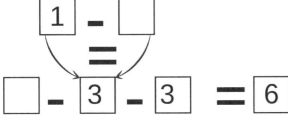

$$\boxed{1} - \boxed{}$$
$$=$$
$$\boxed{} - \boxed{3} - \boxed{3} = \boxed{6}$$

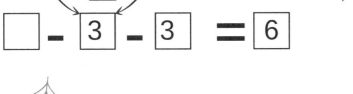

$$\boxed{2} - \boxed{}$$
$$=$$
$$\boxed{1} - \boxed{7} - \boxed{} = \boxed{9}$$

$$\boxed{2} - \boxed{8}$$
$$=$$
$$\boxed{2} - \boxed{} - \boxed{2} = \boxed{}$$

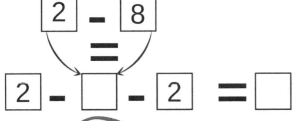

$$\boxed{} - \boxed{4}$$
$$=$$
$$\boxed{10} - \boxed{3} - \boxed{1} = \boxed{}$$

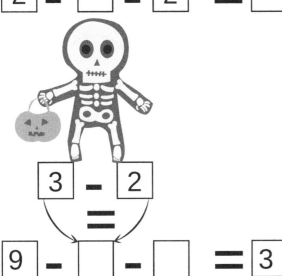

$$\boxed{3} - \boxed{2}$$
$$=$$
$$\boxed{9} - \boxed{} - \boxed{} = \boxed{3}$$

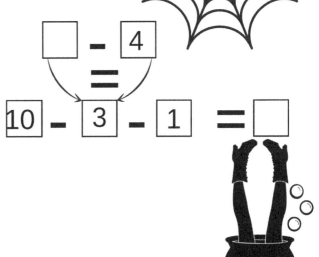

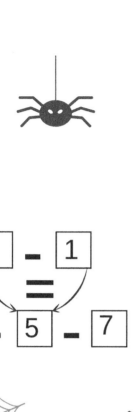

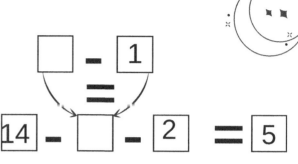

$$\boxed{} - \boxed{1} = \boxed{}$$
$$14 - \boxed{} - \boxed{2} = \boxed{5}$$

$$\boxed{} - \boxed{1} = \boxed{}$$
$$\boxed{} - \boxed{5} - \boxed{7} = \boxed{2}$$

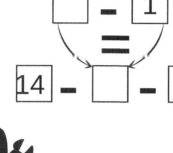

$$\boxed{6} - \boxed{3} = \boxed{}$$
$$20 - \boxed{} - \boxed{7} = \boxed{}$$

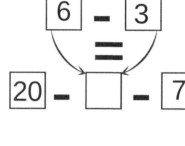

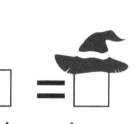

$$\boxed{2} - \boxed{} = \boxed{}$$
$$\boxed{5} - \boxed{} - \boxed{3} = \boxed{1}$$

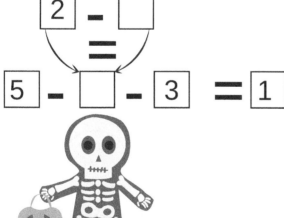

$$\boxed{} - \boxed{6} = \boxed{}$$
$$13 - \boxed{8} - \boxed{1} = \boxed{}$$

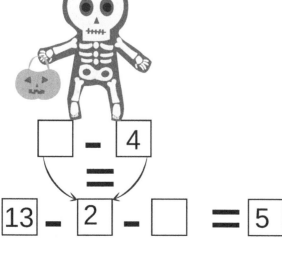

$$\boxed{} - \boxed{4} = \boxed{}$$
$$13 - \boxed{2} - \boxed{} = \boxed{5}$$

$2 - 1 =$
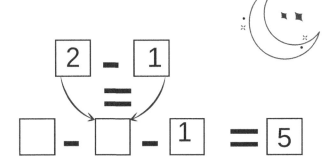
$\boxed{} - \boxed{} - 1 = 5$

$\boxed{} - 1 =$
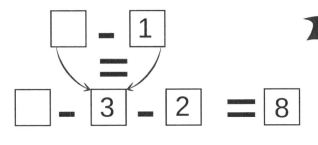
$\boxed{} - 3 - 2 = 8$

$\boxed{} - 2 =$

$\boxed{} - 8 - 3 = 5$

$2 - \boxed{} =$
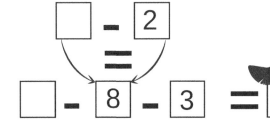
$6 - 6 - \boxed{} = 19$

$4 - 2 =$

$11 - \boxed{} - 1 = \boxed{}$

$\boxed{} - 1 =$
$\boxed{} - 4 - 2 = 7$

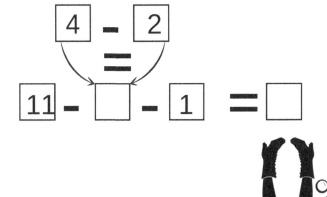

$2 - \boxed{} =$
$7 - \boxed{2} - \boxed{1} = \boxed{}$

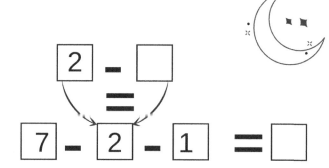

$\boxed{4} - \boxed{1} =$
$\boxed{8} - \boxed{} - \boxed{1} = \boxed{}$

$\boxed{} - \boxed{2} =$
$\boxed{18} - \boxed{7} - \boxed{1} = \boxed{}$

$\boxed{2} - \boxed{} =$
$\boxed{2} - \boxed{5} - \boxed{} = \boxed{11}$

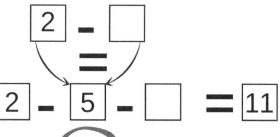

$\boxed{} - \boxed{2} =$
$\boxed{10} - \boxed{3} - \boxed{3} = \boxed{}$

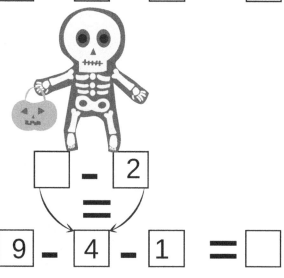

$\boxed{} - \boxed{2} =$
$\boxed{9} - \boxed{4} - \boxed{1} = \boxed{}$

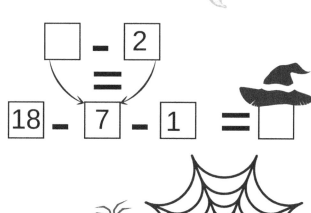

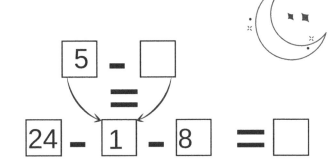

$$5 - \boxed{}$$
$$=$$
$$24 - \boxed{1} - \boxed{8} = \boxed{}$$

$$\boxed{} - \boxed{1}$$
$$=$$
$$\boxed{8} - \boxed{3} - \boxed{} = \boxed{2}$$

$$\boxed{7} - \boxed{2}$$
$$=$$
$$\boxed{9} - \boxed{} - \boxed{1} = \boxed{}$$

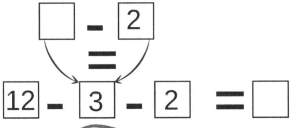

$$\boxed{} - \boxed{2}$$
$$=$$
$$\boxed{12} - \boxed{3} - \boxed{2} = \boxed{}$$

$$\boxed{8} - \boxed{}$$
$$=$$
$$\boxed{20} - \boxed{3} - \boxed{1} = \boxed{}$$

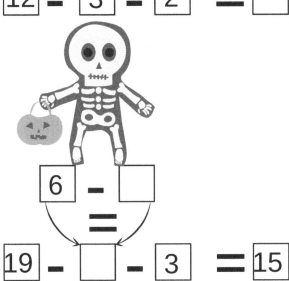

$$\boxed{6} - \boxed{}$$
$$=$$
$$\boxed{19} - \boxed{} - \boxed{3} = \boxed{15}$$

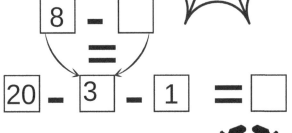

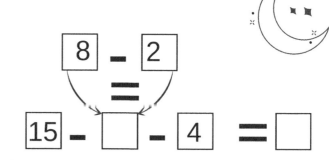

$8 - 2 =$

$15 - \boxed{} - 4 = \boxed{}$

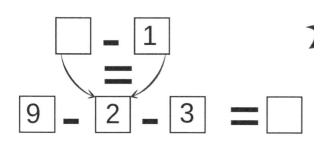

$\boxed{} - 1 =$

$9 - 2 - 3 = \boxed{}$

$\boxed{} - 3 =$

$19 - 7 - \boxed{} = 2$

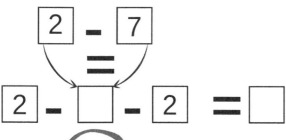

$2 - 7 =$

$2 - \boxed{} - 2 = \boxed{}$

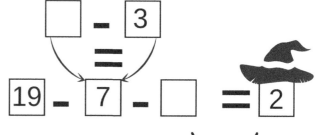

$\boxed{} - 4 =$

$\boxed{} - 8 - 1 = 15$

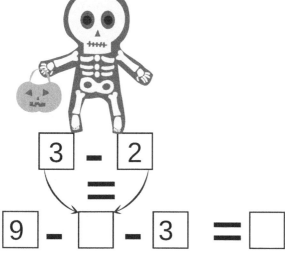

$3 - 2 =$

$9 - \boxed{} - 3 = \boxed{}$

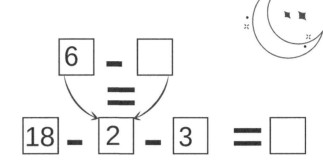

$$6 - \boxed{}$$
$$=$$
$$18 - 2 - 3 = \boxed{}$$

$$6 - 1$$
$$=$$
$$\boxed{} - \boxed{} - 4 = 3$$

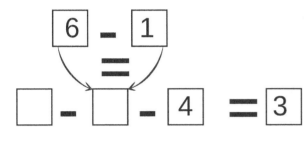

$$9 - \boxed{}$$
$$=$$
$$18 - 2 - 5 = \boxed{}$$

$$\boxed{} - 2$$
$$=$$
$$\boxed{} - 4 - 2 = 2$$

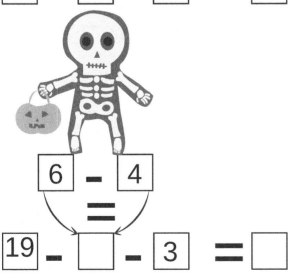

$$6 - 4$$
$$=$$
$$19 - \boxed{} - 3 = \boxed{}$$

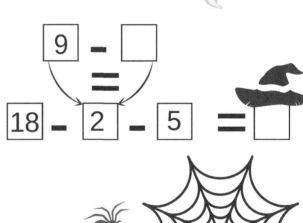

$$\boxed{} - 7$$
$$=$$
$$14 - 8 - 1 = \boxed{}$$

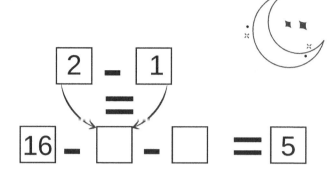

$2 - 1$ =

$16 - \boxed{} - \boxed{} = 5$

$8 - 6$ =

$21 - \boxed{} - \boxed{} = 5$

$\boxed{} - 1$ =

$\boxed{} - 4 - 1 = 3$

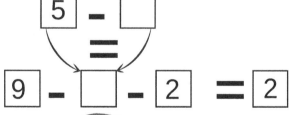

$5 - \boxed{}$ =

$9 - \boxed{} - 2 = 2$

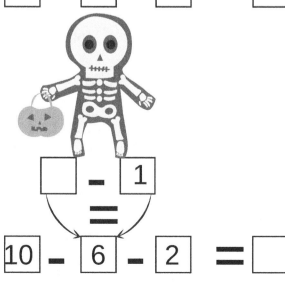

$\boxed{} - 1$ =

$10 - 6 - 2 = \boxed{}$

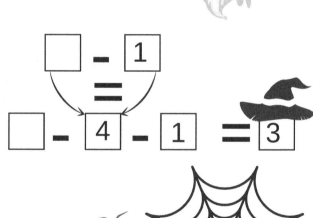

$3 - 2$ =

$\boxed{} - \boxed{} - 5 = 4$

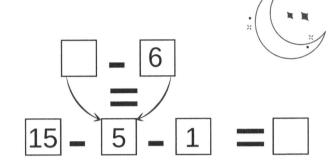

$$\square - 6$$
$$=$$
$$15 - 5 - 1 = \square$$

$$4 - 1$$
$$=$$
$$\square - \square - 1 = 8$$

$$9 - 2$$
$$=$$
$$\square - \square - 1 = 8$$

$$\square - 2$$
$$=$$
$$12 - 5 - 2 = \square$$

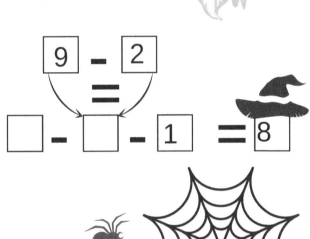

$$3 - 2$$
$$=$$
$$\square - \square - 4 = 19$$

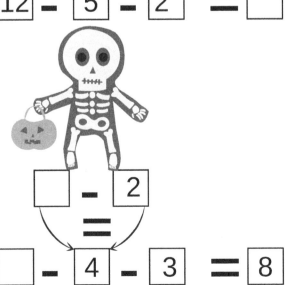

$$\square - 2$$
$$=$$
$$\square - 4 - 3 = 8$$

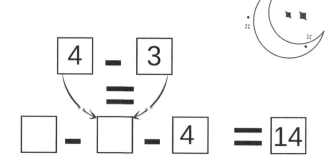

$$\boxed{4} - \boxed{3}$$
$$=$$
$$\boxed{} - \boxed{} - \boxed{4} = \boxed{14}$$

$$\boxed{3} - \boxed{1}$$
$$=$$
$$\boxed{} - \boxed{} - \boxed{5} = \boxed{1}$$

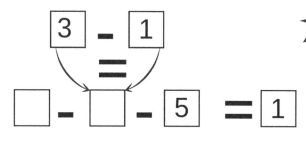

$$\boxed{2} - \boxed{2}$$
$$=$$
$$\boxed{1} - \boxed{} - \boxed{} = \boxed{7}$$

$$\boxed{2} - \boxed{3}$$
$$=$$
$$\boxed{2} - \boxed{} - \boxed{} = \boxed{12}$$

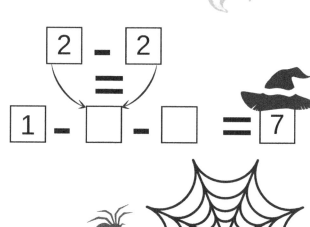

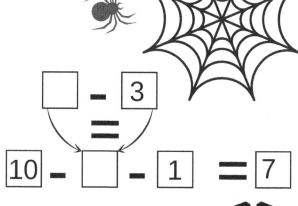

$$\boxed{} - \boxed{3}$$
$$=$$
$$\boxed{10} - \boxed{} - \boxed{1} = \boxed{7}$$

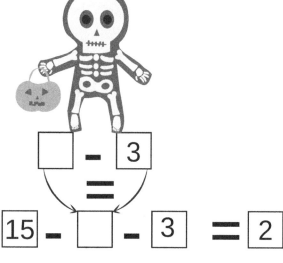

$$\boxed{} - \boxed{3}$$
$$=$$
$$\boxed{15} - \boxed{} - \boxed{3} = \boxed{2}$$

□ - 2
=
25 - □ - 2 = 10

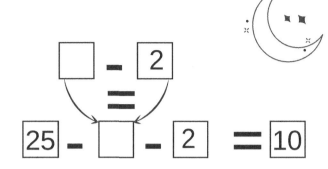

□ - 1
=
□ - 3 - 6 = 8

□ - 1
=
12 - 7 - □ = 2

□ - 2
=
10 - □ - 6 = 3

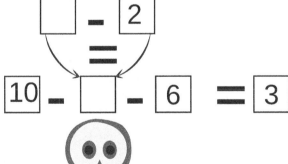

4 - □
=
□ - 8 - 1 = 15

3 - 2
=
9 - □ - 2 = □

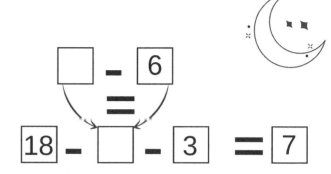

$$\boxed{} - \boxed{6}$$
$$=$$
$$\boxed{18} - \boxed{} - \boxed{3} = \boxed{7}$$

$$\boxed{1} - \boxed{6}$$
$$=$$
$$\boxed{3} - \boxed{} - \boxed{4} = \boxed{}$$

$$\boxed{} - \boxed{9}$$
$$=$$
$$\boxed{9} - \boxed{2} - \boxed{} = \boxed{1}$$

$$\boxed{} - \boxed{2}$$
$$=$$
$$\boxed{} - \boxed{8} - \boxed{1} = \boxed{2}$$

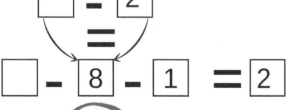

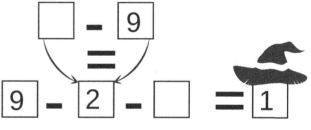

$$\boxed{} - \boxed{7}$$
$$=$$
$$\boxed{14} - \boxed{1} - \boxed{1} = \boxed{}$$

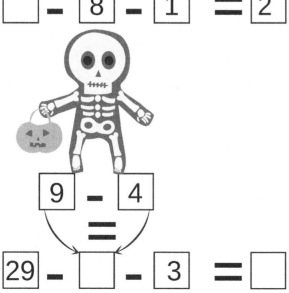

$$\boxed{9} - \boxed{4}$$
$$=$$
$$\boxed{29} - \boxed{} - \boxed{3} = \boxed{}$$

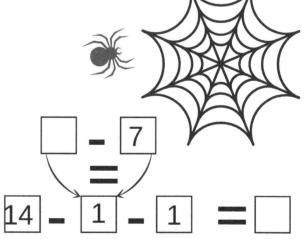

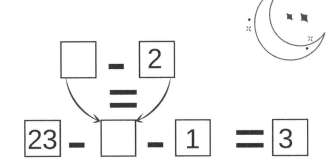

$$\boxed{} - \boxed{2} = $$

$$\boxed{23} - \boxed{} - \boxed{1} = \boxed{3}$$

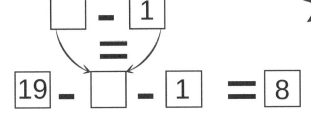

$$\boxed{} - \boxed{1} = $$

$$\boxed{19} - \boxed{} - \boxed{1} = \boxed{8}$$

$$\boxed{} - \boxed{1} = $$

$$\boxed{} - \boxed{4} - \boxed{1} = \boxed{3}$$

$$\boxed{} - \boxed{2} = $$

$$\boxed{11} - \boxed{} - \boxed{5} = \boxed{1}$$

$$\boxed{4} - \boxed{} = $$

$$\boxed{6} - \boxed{2} - \boxed{1} = \boxed{}$$

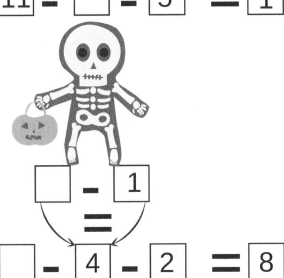

$$\boxed{} - \boxed{1} = $$

$$\boxed{} - \boxed{4} - \boxed{2} = \boxed{8}$$

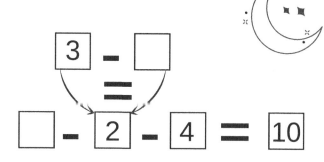

$3 - \boxed{} = \boxed{}$

$\boxed{} - \boxed{2} - \boxed{4} = \boxed{10}$

$4 - 1 = \boxed{}$

$\boxed{} - \boxed{} - \boxed{1} = \boxed{6}$

$\boxed{} - \boxed{2} = \boxed{}$

$\boxed{} - \boxed{7} - \boxed{1} = \boxed{9}$

$\boxed{} - \boxed{2} = \boxed{}$

$\boxed{12} - \boxed{5} - \boxed{2} = \boxed{}$

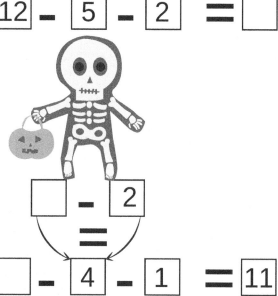

$\boxed{} - \boxed{2} = \boxed{}$

$\boxed{} - \boxed{4} - \boxed{1} = \boxed{11}$

$\boxed{} - \boxed{2} = \boxed{}$

$\boxed{9} - \boxed{3} - \boxed{3} = \boxed{}$

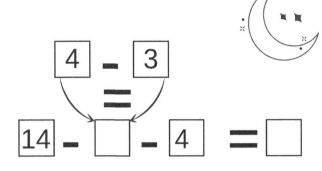

$$4 - 3 = \boxed{}$$
$$14 - \boxed{} - 4 = \boxed{}$$

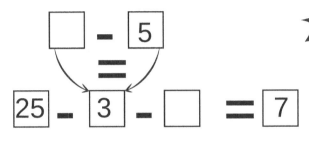

$$\boxed{} - 5 = \boxed{}$$
$$25 - 3 - \boxed{} = 7$$

$$2 - 1 = \boxed{}$$
$$12 - \boxed{} - \boxed{} = 6$$

$$\boxed{} - 3 = \boxed{}$$
$$\boxed{} - 2 - 2 = 14$$

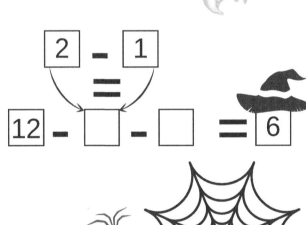

$$\boxed{} - 3 = \boxed{}$$
$$\boxed{} - 4 - 1 = 12$$

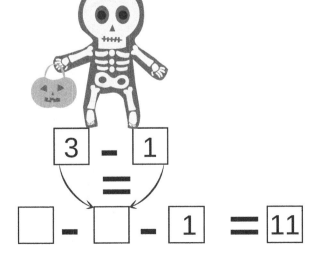

$$3 - 1 = \boxed{}$$
$$\boxed{} - \boxed{} - 1 = 11$$

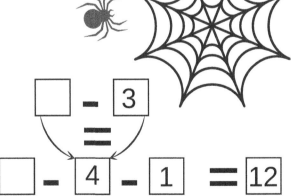

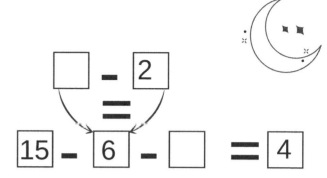

$$\boxed{} - \boxed{2} = $$
$$\boxed{15} - \boxed{6} - \boxed{} = \boxed{4}$$

$$\boxed{6} - \boxed{} = $$
$$\boxed{17} - \boxed{3} - \boxed{2} = \boxed{}$$

$$\boxed{} - \boxed{2} = $$
$$\boxed{13} - \boxed{7} - \boxed{} = \boxed{1}$$

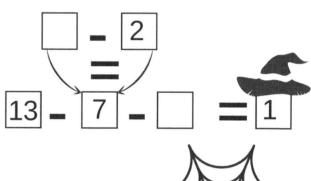

$$\boxed{} - \boxed{2} = $$
$$\boxed{8} - \boxed{} - \boxed{1} = \boxed{2}$$

$$\boxed{8} - \boxed{} = $$
$$\boxed{10} - \boxed{} - \boxed{1} = \boxed{4}$$

$$\boxed{3} - \boxed{2} = $$
$$\boxed{11} - \boxed{} - \boxed{3} = \boxed{}$$

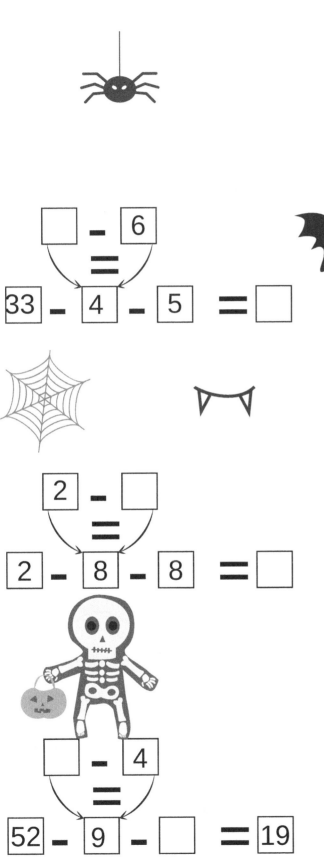

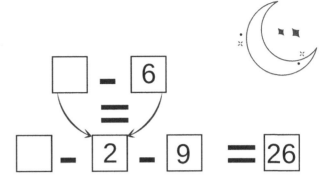

$\boxed{} - \boxed{6}$
$=$
$\boxed{} - \boxed{2} - \boxed{9} = \boxed{26}$

$\boxed{} - \boxed{6}$
$=$
$\boxed{33} - \boxed{4} - \boxed{5} = \boxed{}$

$\boxed{} - \boxed{9}$
$=$
$\boxed{41} - \boxed{2} - \boxed{2} = \boxed{}$

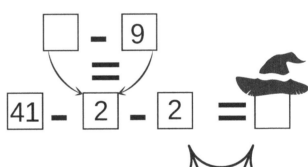

$\boxed{2} - \boxed{}$
$=$
$\boxed{2} - \boxed{8} - \boxed{8} = \boxed{}$

$\boxed{} - \boxed{7}$
$=$
$\boxed{99} - \boxed{} - \boxed{1} = \boxed{17}$

$\boxed{} - \boxed{4}$
$=$
$\boxed{52} - \boxed{9} - \boxed{} = \boxed{19}$

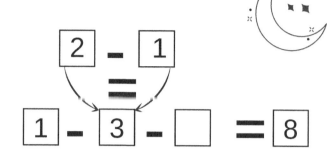

$$2 - 1 = $$
$$1 - 3 - \boxed{} = 8$$

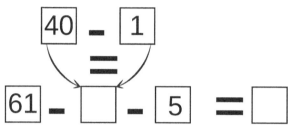

$$40 - 1 = $$
$$61 - \boxed{} - 5 = \boxed{}$$

$$\boxed{} - 1 = $$
$$30 - 4 - 19 = \boxed{}$$

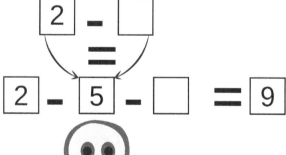

$$2 - \boxed{} = $$
$$2 - 5 - \boxed{} = 9$$

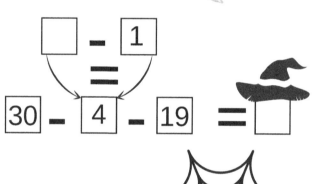

$$\boxed{} - 2 = $$
$$52 - \boxed{} - 1 = 3$$

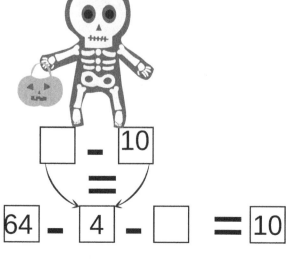

$$\boxed{} - 10 = $$
$$64 - 4 - \boxed{} = 10$$

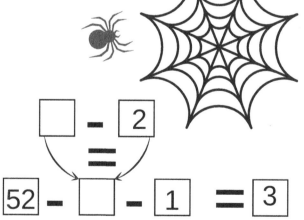

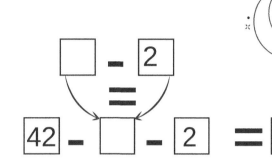

$\boxed{} - \boxed{2}$

$=$

$\boxed{42} - \boxed{} - \boxed{2} = \boxed{8}$

$\boxed{15} - \boxed{}$

$=$

$\boxed{} - \boxed{6} - \boxed{1} = \boxed{2}$

$\boxed{} - \boxed{2}$

$=$

$\boxed{29} - \boxed{7} - \boxed{} = \boxed{13}$

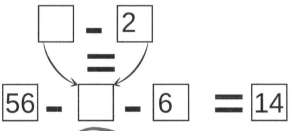

$\boxed{} - \boxed{2}$

$=$

$\boxed{56} - \boxed{} - \boxed{6} = \boxed{14}$

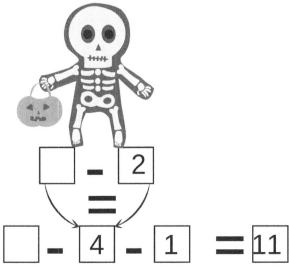

$\boxed{} - \boxed{2}$

$=$

$\boxed{} - \boxed{4} - \boxed{1} = \boxed{11}$

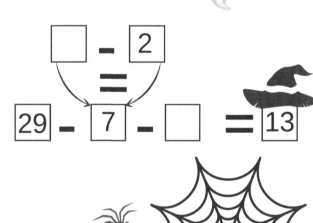

$\boxed{} - \boxed{1}$

$=$

$\boxed{30} - \boxed{} - \boxed{5} = \boxed{6}$

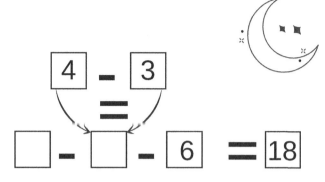

$\boxed{4} - \boxed{3} =$
$\boxed{} - \boxed{} - \boxed{6} = \boxed{18}$

$\boxed{} - \boxed{1} =$
$\boxed{} - \boxed{3} - \boxed{4} = \boxed{1}$

$\boxed{} - \boxed{2} =$
$\boxed{21} - \boxed{7} - \boxed{2} = \boxed{}$

$\boxed{} - \boxed{3} =$
$\boxed{} - \boxed{1} - \boxed{2} = \boxed{12}$

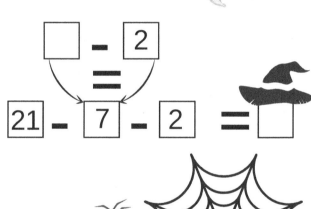

$\boxed{} - \boxed{7} =$
$\boxed{30} - \boxed{} - \boxed{1} = \boxed{17}$

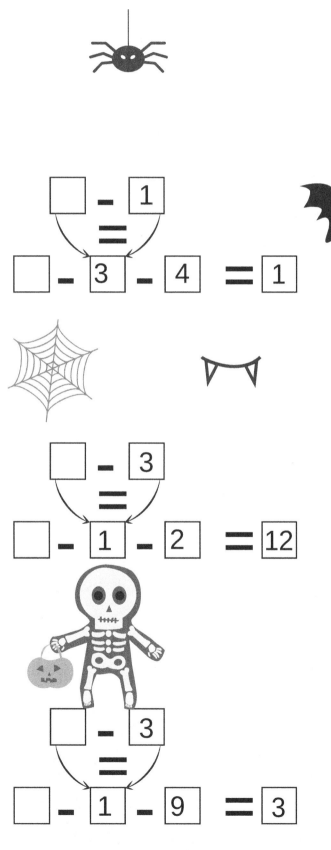

$\boxed{} - \boxed{3} =$
$\boxed{} - \boxed{1} - \boxed{9} = \boxed{3}$

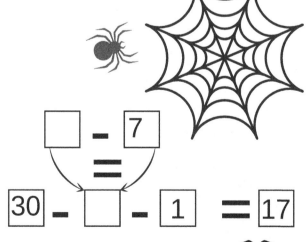

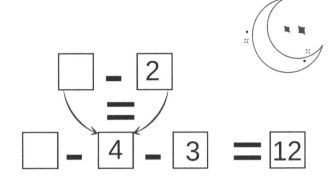

☐ − 2

☐ − 4 − 3 = 12

☐ − 1

☐ − 5 − 3 = 8

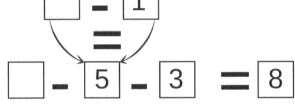

☐ − 8

☐ − 2 − 1 = 15

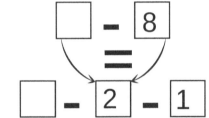

☐ − 3

☐ − 8 − 2 = 2

☐ − 4

11 − 8 − 1 = ☐

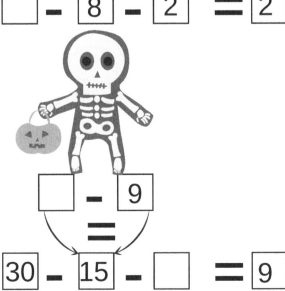

☐ − 9

30 − 15 − ☐ = 9

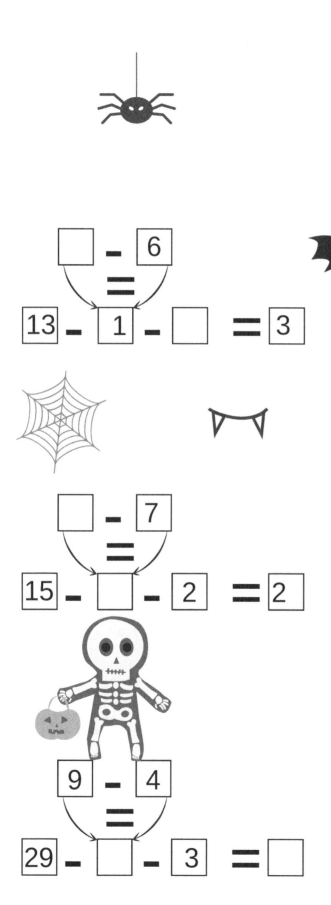

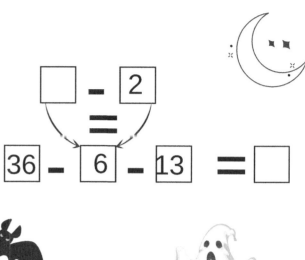

□ − 2
=
36 − 6 − 13 = □

□ − 6
=
13 − 1 − □ = 3

□ − 9
=
17 − 2 − □ = 1

□ − 7
=
15 − □ − 2 = 2

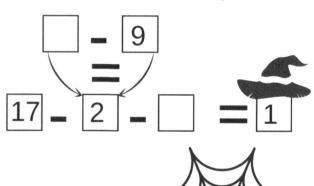

□ − 5
=
14 − 6 − 1 = □

9 − 4
=
29 − □ − 3 = □

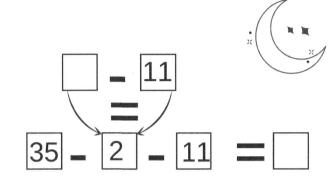

□ - 11

35 - 2 - 11 = □

23 - 19

17 - □ - 8 = □

□ - 1

□ - 9 - 1 = 3

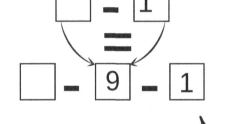

□ - 7

18 - 5 - 2 = □

□ - 5

□ - 2 - 7 = 3

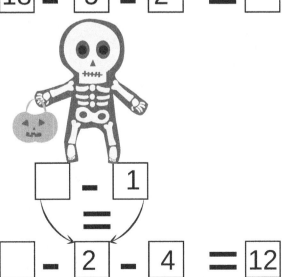

□ - 1

□ - 2 - 4 = 12

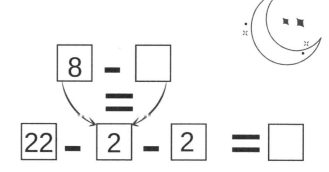

$8 - \square$
$=$
$22 - 2 - 2 = \square$

$\square - 4$
$=$
$24 - \square - 3 = 6$

$2 - \square$
$=$
$\square - 1 - 5 = 9$

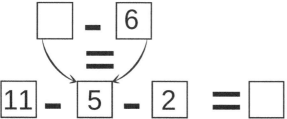

$\square - 6$
$=$
$11 - 5 - 2 = \square$

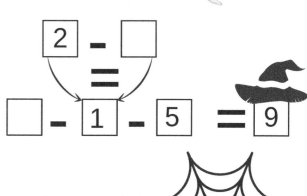

$11 - \square$
$=$
$\square - 9 - 3 = 3$

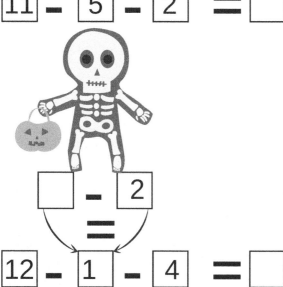

$\square - 2$
$=$
$12 - 1 - 4 = \square$

$$9 - 3 =$$
$$13 - \square - 4 = \square$$

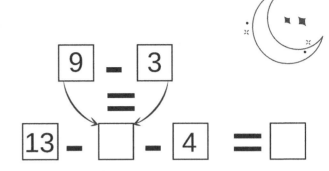

$$\square - 1 =$$
$$16 - \square - 5 = 3$$

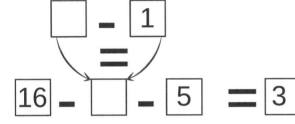

$$12 - \square =$$
$$\square - 4 - 2 = 9$$

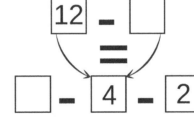

$$\square - 3 =$$
$$14 - \square - 2 = 2$$

$$\square - 3 =$$
$$10 - 7 - 1 = \square$$

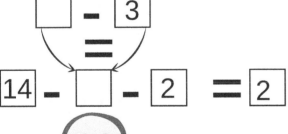

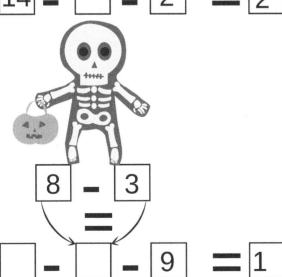

$$8 - 3 =$$
$$\square - \square - 9 = 1$$

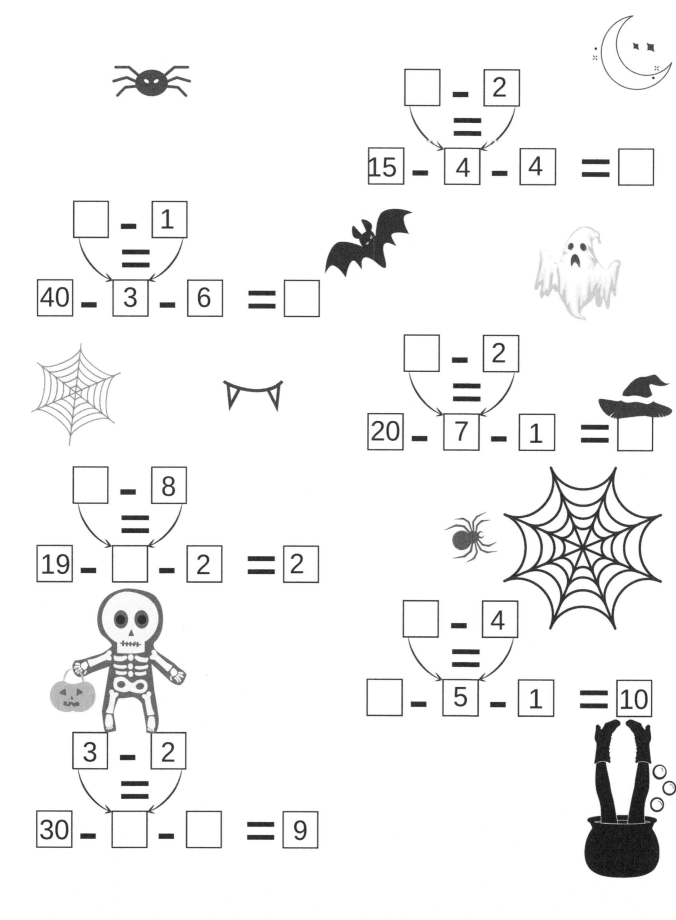

□ - 2 =

15 - 4 - 4 = □

□ - 1 =

40 - 3 - 6 = □

□ - 2 =

20 - 7 - 1 = □

□ - 8 =

19 - □ - 2 = 2

3 - 2 =

30 - □ - □ = 9

□ - 4 =

□ - 5 - 1 = 10

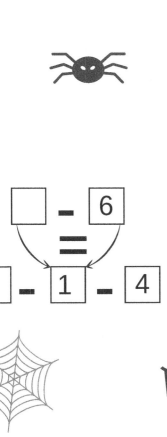

☐ - 2 =
☐ - 6 - 2 = 13

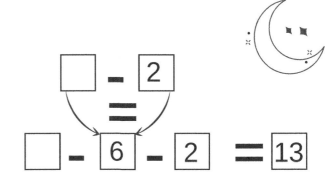

☐ - 6 =
☐ - 1 - 4 = 3

☐ - 2 =
9 - ☐ - 5 = 1

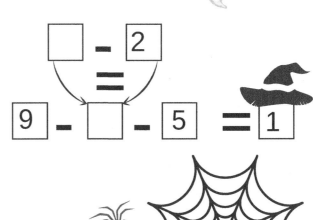

☐ - 2 =
☐ - 8 - 1 = 2

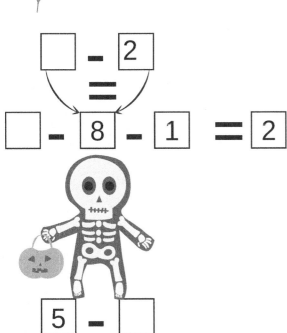

☐ - 6 =
14 - 9 - 1 = ☐

5 - ☐ =
☐ - 3 - 4 = 18

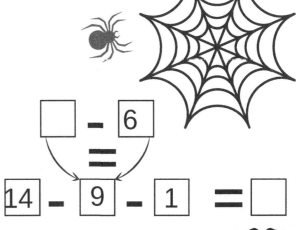

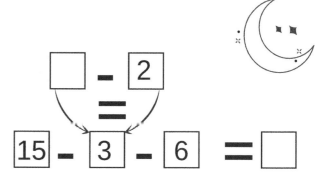

□ − 2 =

15 − 3 − 6 = □

□ − 1 =

17 − □ − 1 = 7

11 − □ =

□ − 4 − 1 = 2

□ − 3 =

□ − 4 − 2 = 6

□ − 2 =

□ − 3 − 1 = 9

□ − 1 =

□ − 4 − 2 = 11

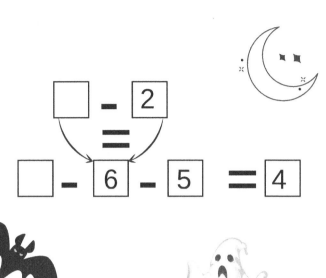

☐ − 2 =
☐ − 6 − 5 = 4

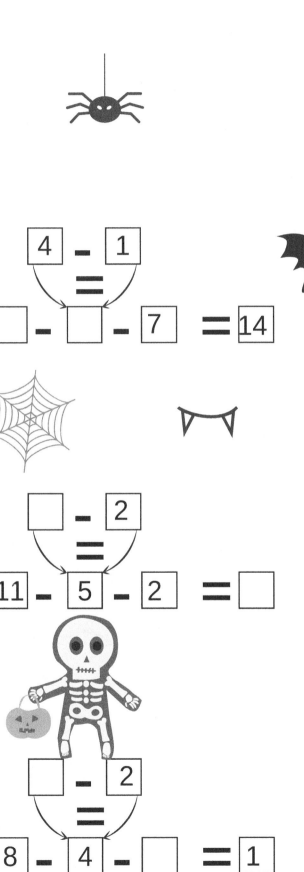

4 − 1 =
☐ − ☐ − 7 = 14

☐ − 2 =
☐ − 7 − 1 = 12

☐ − 2 =
11 − 5 − 2 = ☐

☐ − 2 =
8 − 4 − ☐ = 1

☐ − 2 =
16 − 3 − 3 = ☐

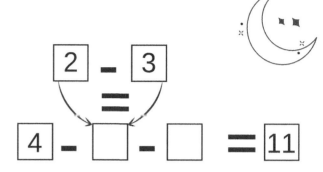

[2] − [3]
[4] − [ ] − [ ] = [11]

[ ] − [1]
[ ] − [6] − [5] = [3]

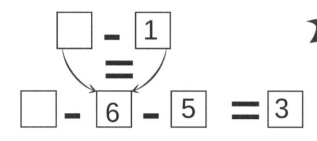

[2] − [ ]
[ ] − [1] − [2] = [7]

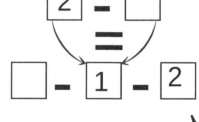

[ ] − [3]
[12] − [2] − [2] = [ ]

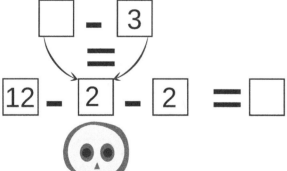

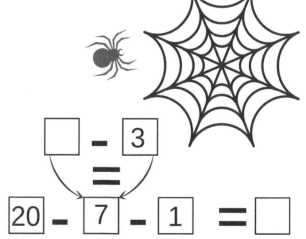

[ ] − [3]
[20] − [7] − [1] = [ ]

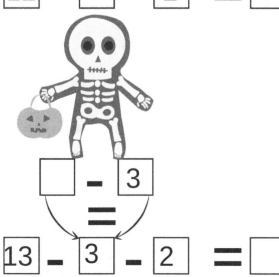

[ ] − [3]
[13] − [3] − [2] = [ ]

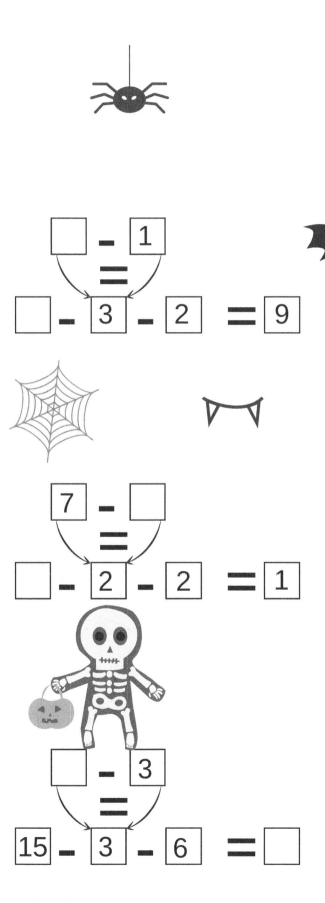

□ - 3 =
10 - 4 - 5 = □

□ - 1 =
□ - 3 - 2 = 9

□ - 2 =
15 - 7 - 1 = □

7 - □ =
□ - 2 - 2 = 1

□ - 3 =
15 - 3 - 6 = □

□ - 4 =
21 - □ - 1 = 8

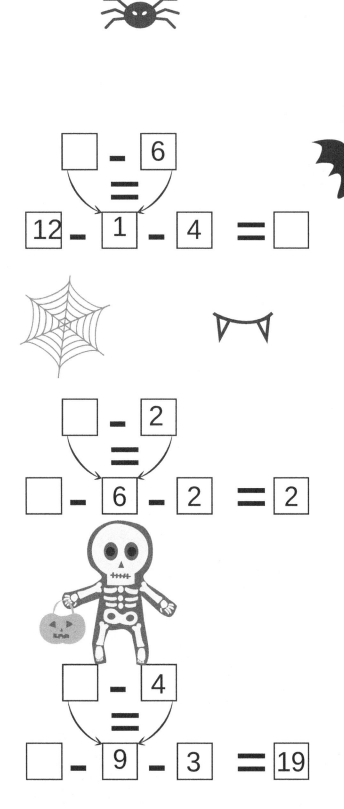

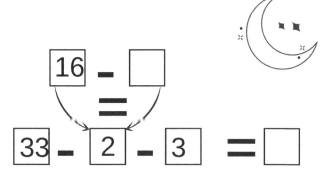

$$16 - \boxed{}$$
$$=$$
$$33 - \boxed{2} - \boxed{3} = \boxed{}$$

$$\boxed{} - \boxed{6}$$
$$=$$
$$\boxed{12} - \boxed{1} - \boxed{4} = \boxed{}$$

$$\boxed{} - \boxed{4}$$
$$=$$
$$\boxed{} - \boxed{2} - \boxed{6} = \boxed{3}$$

$$\boxed{} - \boxed{2}$$
$$=$$
$$\boxed{} - \boxed{6} - \boxed{2} = \boxed{2}$$

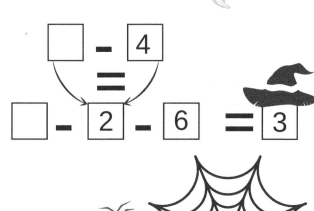

$$\boxed{7} - \boxed{}$$
$$=$$
$$\boxed{24} - \boxed{} - \boxed{3} = \boxed{9}$$

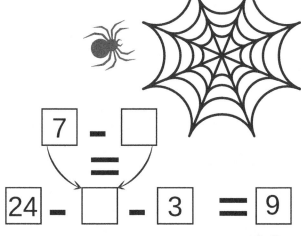

$$\boxed{} - \boxed{4}$$
$$=$$
$$\boxed{} - \boxed{9} - \boxed{3} = \boxed{19}$$

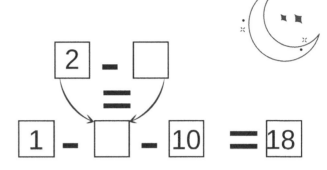

$$2 - \boxed{} =$$
$$\boxed{1} - \boxed{} - \boxed{10} = \boxed{18}$$

$$\boxed{20} - \boxed{8} =$$
$$\boxed{89} - \boxed{} - \boxed{40} = \boxed{}$$

$$\boxed{} - \boxed{1} =$$
$$\boxed{} - \boxed{8} - \boxed{1} = \boxed{3}$$

$$\boxed{} - \boxed{2} =$$
$$\boxed{} - \boxed{5} - \boxed{2} = \boxed{30}$$

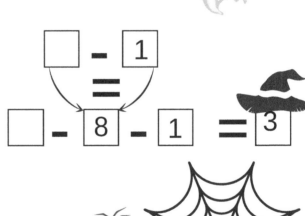

$$\boxed{14} - \boxed{} =$$
$$\boxed{22} - \boxed{9} - \boxed{5} = \boxed{}$$

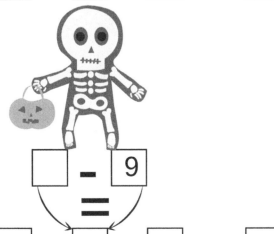

$$\boxed{} - \boxed{9} =$$
$$\boxed{27} - \boxed{22} - \boxed{1} = \boxed{}$$

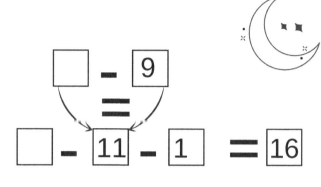

□ - 9 =

□ - 11 - 1 = 16

4 - 1 =

13 - 3 - □ = 1

□ - 8 =

23 - 7 - □ = 9

□ - 2 =

17 - □ - 5 = 3

□ - 12 =

41 - 24 - 11 = □

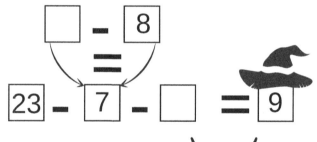

□ - 20 =

50 - □ - 3 = 11

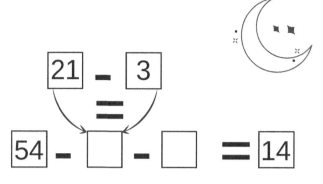

$21 - 3 = \boxed{}$

$54 - \boxed{} - \boxed{} = 14$

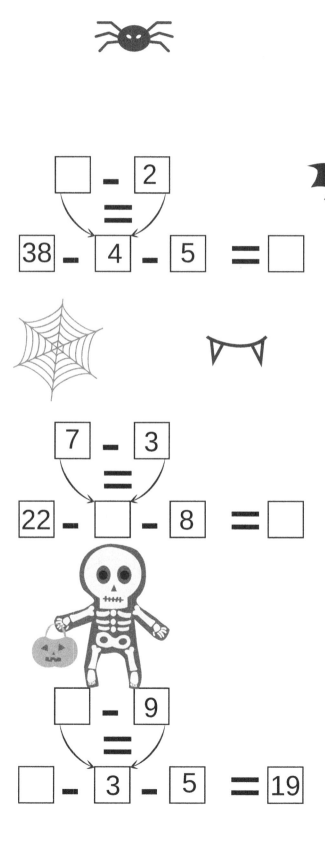

$\boxed{} - 2 = \boxed{}$

$38 - 4 - 5 = \boxed{}$

$21 - 12 = \boxed{}$

$18 - \boxed{} - 6 = \boxed{}$

$7 - 3 = \boxed{}$

$22 - \boxed{} - 8 = \boxed{}$

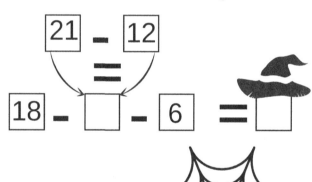

$\boxed{} - 3 = \boxed{}$

$\boxed{} - 9 - 5 = 23$

$\boxed{} - 9 = \boxed{}$

$\boxed{} - 3 - 5 = 19$

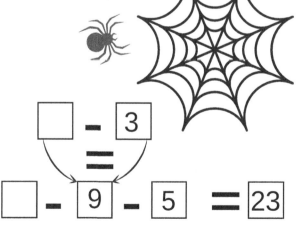

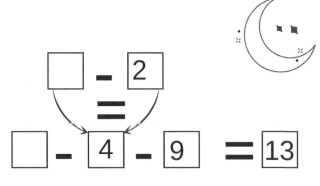

☐ − 2
=
☐ − 4 − 9 = 13

☐ − 1
=
15 − 3 − 8 = ☐

☐ − 4
=
☐ − 7 − 1 = 9

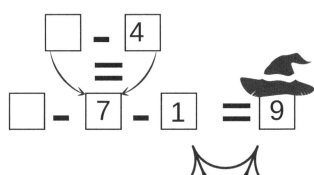

18 − 8
=
29 − ☐ − 2 = ☐

☐ − 4
=
10 − 8 − 1 = ☐

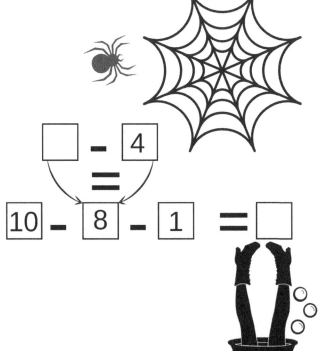

☐ − 4
=
☐ − 3 − 13 = 18

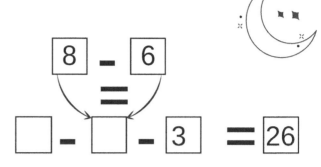

8 − 6 =

□ − □ − 3 = 26

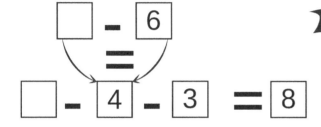

□ − 6 =

□ − 4 − 3 = 8

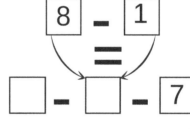

8 − 1 =

□ − □ − 7 = 9

□ − 9 =

37 − 15 − 2 = □

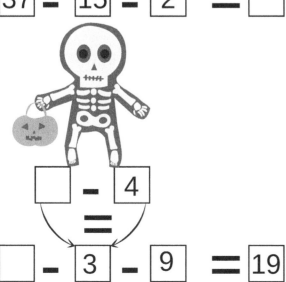

□ − 4 =

□ − 3 − 9 = 19

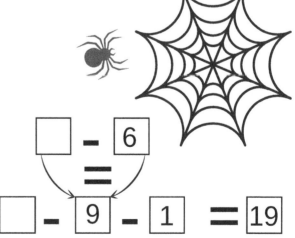

□ − 6 =

□ − 9 − 1 = 19

Made in United States
North Haven, CT
11 October 2021

10271127R00052

5 Repeat Step 3. Tighten this knot as usual to secure the wings.

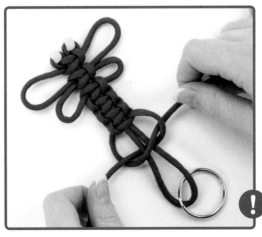

6 Repeat Steps 4–5 to make the second set of wings. Then repeat Steps 2–3 about three more times to tie square knots until you are close to the key ring. Trim the cord ends. Have an adult finish the ends by fusing them or covering them with glue (see page 12).

49

DREAMCATCHER

THE KNOT
Half Hitch (page 15)

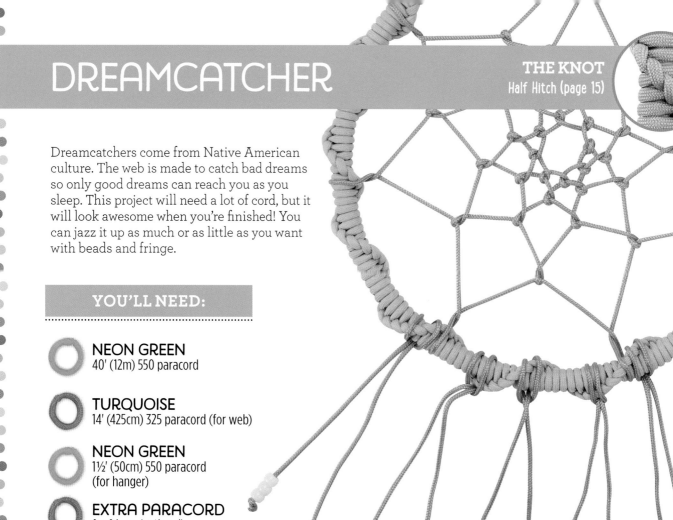

Dreamcatchers come from Native American culture. The web is made to catch bad dreams so only good dreams can reach you as you sleep. This project will need a lot of cord, but it will look awesome when you're finished! You can jazz it up as much or as little as you want with beads and fringe.

YOU'LL NEED:

NEON GREEN
40' (12m) 550 paracord

TURQUOISE
14' (425cm) 325 paracord (for web)

NEON GREEN
1½' (50cm) 550 paracord
(for hanger)

EXTRA PARACORD
for fringe (optional)

EMBROIDERY HOOP
10" (25.5cm)-diameter

PONY BEADS
(optional)

1 First, you will wrap the embroidery hoop using a half hitch as shown on page 15. Set the outer hoop aside; you will only use the inner hoop for this project. To start, place one end of your 40' (12m) cord under the hoop. This cord end under your hoop is the starting end. The remaining long end is the working end.

2 Bring the long working end of the cord around the short starting end. This will form a loop around the hoop. Bring the working end through this loop.

3 You'll make your next knot under the first one. Bring the working end around the hoop and cross it underneath itself. This will form a loop around the hoop. Tighten the loop.

TIP

This project requires a 40' (12m) piece of paracord. That's a lot! You can buy 100' (30.5m) lengths of paracord at the craft store and cut the 40' (12m) length from that as one long piece. Or, you can have an adult help you fuse shorter lengths of paracord together.

!

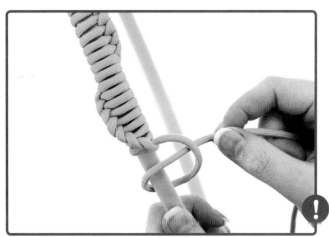

4 Repeat Step 3, bringing the working end around the hoop and crossing it underneath itself. Continue until you reach the start of the wrap. Trim both the starting and working cord ends. Have an adult finish the ends by fusing them or covering them with glue (see page 12).

5 Now it's time to form the center web. Tie one end of your webbing cord onto the hoop, between the start and end of the wrap. A few inches away from knot, loop the cord around the hoop (see the Looping Diagram below). Allow the cord between the starting knot and the loop to hang loose in a kind of U shape.

6 Continue looping the cord around the hoop every few inches and allowing the cord between loops to hang loose until you reach your starting point. This finishes the first row. You can add beads to the web as desired by threading them onto the webbing cord as you form the web. Try positioning the beads near the bottom of the U shapes as you make them.

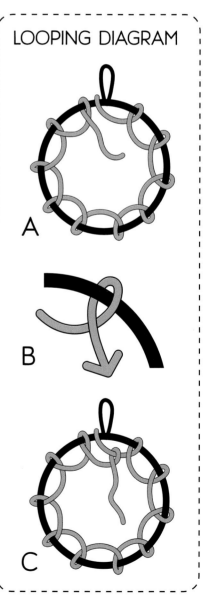

LOOPING DIAGRAM

A

B

C

7 For the second row, loop the cord around the center of the first U in the first row. Then loop the cord around the center of the second U in the first row. Keep the cord between the loops a little loose, but not as loose as the first row. Repeat until you reach your starting point. This finishes the second row.

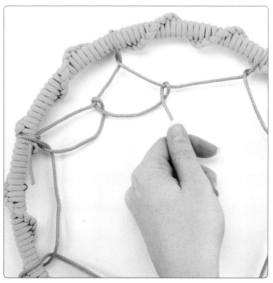

8 Continue repeating Step 7 to add rows until you are down to a very small space in the center of the web. Make each row tighter than the last to tighten the web. Make a final row. Tie the cord onto the center of the last U in the previous row to finish the web.

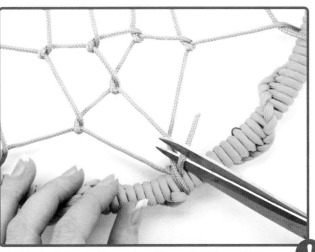

9 Trim both the starting and working ends of the webbing cord. Have an adult finish the ends by fusing them or covering them with glue (see page 12).

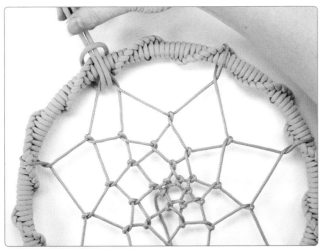

10 Fold the hanging cord in half to form a loop at the center. Thread the loop under the hoop where you tied on the webbing cord. Bring the ends of the hanging cord around the hoop and through the loop. This will form a lark's head knot (see page 14) over the starting end of the webbing cord.

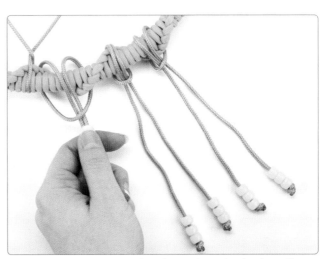

11 Tie the two ends of the hanging cord together in a knot. You can make a fringe at the bottom of the dreamcatcher by adding additional cords to the hoop using lark's head knots (see page 14). You can even add beads to the fringe cords if you want! Just tie a knot after the last bead to make sure they don't slide off.

CHALLENGE PROJECT!

Paracord can be used for projects great and small! If you're really up for a challenge, search the Internet for some amazingly cool designs from the huge network of paracord bloggers. Maybe you'll find something that catches your eye, like a paracord chair or hammock.

MONKEY'S FIST KEYCHAIN

The monkey's fist is definitely the trickiest knot in this book, so you should feel like a knot ninja when you've mastered it! If you're really looking for a challenge, try your hand at the two-color version. Once you've got this knot down, you'll be ready to make keychains for everyone you know.

YOU'LL NEED:

For Formidable Fist:

GOLD
6' (200cm) 550 paracord

FOAM BALL
1" (2.5cm)

KEY RING
1" (25mm)

For Bumblebee Blast:

NEON YELLOW
4' (125cm) 550 paracord

BLACK
2' (60cm) 550 paracord

FOAM BALL
1" (2.5cm)

KEY RING
1" (25mm)

1 Tie a small knot at one end of your cord. This will be the starting end. Place the cord on top of your palm with the starting end near your pinky. Wrap the cord around your first three fingers four times (working from left to right). Make sure the wraps stay side by side and do not cross or overlap one another. These are vertical wraps and will form the top and bottom of the monkey's fist.

KEEP IT LOOSE
Keep your wraps fairly loose to make it easy to add the foam ball in Step 4.

2 Take your middle finger out from the wraps you made in Step 1 and place it behind them. Now bring the working cord around your ring finger, behind the wraps you made in Step 1, and out to the left side.

3 Working from bottom to top, make four horizontal wraps around the center of the vertical wraps. Make sure the wraps stay side by side and do not cross or overlap one another. These wraps will form the front and back of the monkey's fist.

4 Place the foam ball in the center of all the wraps you've made so far.

5 Bring the working cord through the four loops on your pointer finger, out to the left side.

6 The final layer of wraps will form the sides of the monkey's fist and will go around the core ball. Bring the working cord down along the left side of the core ball. Then, bring it under the core ball by feeding it through the four loops on your ring finger. Bring the cord up along the right side of the core ball. Then, bring it over the core ball by feeding it through the four loops on your pointer finger.

7 Repeat Step 6 until you have made four wraps around the core ball. This final set of wraps should be under the vertical wraps you made in Step 1, and over the horizontal wraps you made in Step 3. Make sure the wraps stay side by side and do not cross or overlap one another.

8 Remove the knot from your fingers. Now we are going to slowly work it tight. Find the starting end with the knot in it. Gently tug on the starting cord, to pull up a loose loop. Continue to tug on the cord to work this loop all the way through the knot, slowly tightening it as you go.

9 Repeat, starting from the working end to pull up a loop and pull the cord back through the knot, slowly tightening it around the core ball. Repeat Steps 8–9 as many times as necessary to tighten the knot around the core ball.

10 Follow the instructions on page 19 to form a wrapping knot with the two loose cord ends. Attach a key ring to the top loop.